Alexander Herrmann

WEIL'S EINFACH GESÜNDER IST

Über 70 Genuss-Rezepte von Frühstück bis Abendessen

Alexander Herrmann

WEIL'S EINFACH GESÜNDER IST

Über 70 Genuss-Rezepte von Frühstück bis Abendessen

DK

Inhalt

ALEXANDER
HERRMANN

Vorwort

»Ich will gesund sterben.« Das ist mein Ziel. Ich sage nicht »Ich will alt werden.« Viel wichtiger ist es mir, so gesund wie möglich zu bleiben. Dabei ist mir meine Oma Herta ein echtes Vorbild. Sie ist 104 Jahre alt geworden und hat seit Jahrzehnten – man könnte sogar sagen seit einem Jahrhundert – das gemacht, was heute in der Ernährung angesagt ist: Der Tag startete morgens mit einem Gläschen Sauerkrautsaft. Danach hat sie reichlich gefrühstückt, vor allem saftiges Körnerbrot. Gefolgt von einem ausführlichen Spaziergang. Mittags hat sie wenig gegessen – ich würde es eher naschen nennen –, dabei aber keine Nudeln; sie nannte das immer »Mehlquatsch«. Nachmittags gönnte sie sich ein Stückchen Käsekuchen, allerdings aß sie dabei nur die Quarkmasse, den Boden nicht. Meine Oma Herta war die Grande Dame der Familie. Jeden Abend schwebte sie die Treppe hinunter wie Krystle Carrington aus dem Denver Clan, nahm an der Bar unseres Restaurants Platz und trank etwas Rotwein. Gegessen hat sie abends praktisch nicht mehr.

Aus heutiger Sichtweise betrachtet haben wir hier folgende Trends: fermentierte Produkte für gesunde Darmbakterien, reichlich Ballaststoffe und komplexe Kohlenhydrate, regelmäßige Bewegung, Low Carb, intermittierendes Fasten und sekundäre Pflanzenstoffe wie die Polyphenole im Rotwein. Dies alles hat sie praktiziert, ohne von den Begriffen jemals gehört zu haben. Manche davon gab es damals kaum. Aber sie hatte einen untrüglichen Instinkt dafür, was ihr guttut und was nicht.

Meine Oma ist bis ins hohe Alter kerngesund geblieben. Keine Arthrose, keine Herz-Kreislauf-Probleme, kein Diabetes. Vieles davon lässt sich auch tatsächlich vermeiden. Ich habe von meiner Oma gelernt: Eine gesunde Ernährung und ein guter Lebensstil mit viel Bewegung und einer positiven Lebenseinstellung tragen maßgeblich dazu bei. Eine solche Ernährung möchte ich euch in meinem neuen Buch präsentieren. Mit einer flexiblen Mahlzeiteneinteilung, die zu eurem Leben und zu euren jeweiligen Herausforderungen des Tages passt. Mit den besten Zutaten, die dem Körper alle Vitalstoffe geben, die er braucht. Und mit einfachen, aber bombastisch leckeren Rezepten, die ihr alle bei euch zu Hause ohne viel Aufwand nachkochen könnt.

In einer Sache unterscheide ich mich übrigens von meiner Oma. Ich liebe Nudeln! Sie sind meine Achillesferse, aber sie machen mich einfach glücklich. Und darauf kommt es im Leben ja auch an!

Ihr
Alexander Herrmann

Einleitung

Einfach gesund essen

Meine Oma Herta hat mir vorgelebt, wie man in Gesundheit älter wird. Aber wie wird man es und vor allem bleibt man gesund? An welchen Stellschrauben kann jeder drehen, und welche Lebensmittel tun uns wirklich gut? Und bleibt bei gesunder Ernährung nicht der Genuss auf der Strecke?

Mir als Koch ist das, was wir täglich essen, natürlich ganz besonders wichtig. Aber ich möchte die Ernährung auch jedem von euch ans Herz legen. Die Kraft der Lebensmittel auf unsere Gesundheit und unser Wohlbefinden ist immens. Ihr kennt bestimmt die Weisheit »Du bist, was du isst« – das ist kein leerer Spruch, sondern tatsächlich so. Und theoretisch ist es ja auch ganz einfach. Die Supermärkte sind voll von Lebensmitteln, wir können jederzeit alles einkaufen oder nach Hause bestellen. Alles ist im Überfluss vorhanden. Und doch scheint es kompliziert geworden zu sein, sich gut und gesund zu ernähren. Ich erlebe oft eine gewisse Ratlosigkeit bei den Menschen, denn sie werden überall mit neuen Diäten, Ernährungskonzepten und Trends konfrontiert. Kein Wunder, dass man da den Überblick verlieren kann.

Ich kann nur sagen »keep it simple – halte es einfach!« Wer auf gute Lebensmittel setzt, hat schon gewonnen. Denn unser Körper braucht die wertvollen Inhaltsstoffe von guten Produkten. Unsere Ernährung hat maßgeblichen Einfluss auf unsere Gesundheit, unser Wohlbefinden und auch auf unsere Psyche. Mit guter Ernährung meine ich eine ausgewogene Kost, die gute Fette, hochwertige Proteine und komplexe Kohlenhydrate enthält. Oder ganz praktisch ausgedrückt: viel Gemüse und Obst, Hülsenfrüchte, Vollkornprodukte, etwas Fleisch und Geflügel, Milch- und Milchprodukte, Olivenöl, Nüsse und fettreicher Fisch. Dazu Kräuter und Gewürze. Wer diese ganz normalen Lebensmittel regelmäßig in seinen Speiseplan einbaut, ist schon mal gut unterwegs.

AH
ALEXANDER
HERRMANN

Intuitiv gesund ernähren

Meine Oma Herta hat intuitiv zu heimischen Superfoods gegriffen: Jeden Morgen trank sie ein Gläschen Sauerkrautsaft für ihre Verdauung. Instinktiv wusste sie, dass sie ihrem Darm damit etwas Gutes tut. Auch das gesunde und regionale Leinöl stand bei ihr häufig auf dem Speiseplan. Morgens aß sie reichlich Körnerbrot, hat somit viele komplexe Kohlenhydrate und Ballaststoffe aufgenommen. Und sie hat mir das intermittierende Fasten nähergebracht. Natürlich ohne dass sie diesen Begriff je verwendet hätte. Ich weiß gar nicht, ob es ihn damals schon gab. Zum Frühstück hat sie reichlich gegessen, am Abend fast nichts mehr.

Auch ich praktiziere das intermittierende Fasten, nur sieht bei mir die Mahlzeitenverteilung etwas anders aus: Ich lasse das Frühstück aus und habe heute um 14 Uhr das erste Mal etwas gegessen. Und das mache ich sogar regelmäßig so. Die 16:8 Methode funktioniert bei mir am besten. Das heißt, dass ich in einem Zeitfenster von 8 Stunden normal esse und danach 16 Stunden faste. In meinem Fall gibt es nach 22 Uhr nichts mehr. Mir geht's super damit! Das intermittierende Fasten hilft mir auch bei der Gewichtskontrolle. Ich habe viel weniger Hunger, auch meine Naschlust ist ausgebremst. Und ich kann euch beichten, dass ich früher viel Süßes gegessen habe. Das Gute am intermittierenden Fasten ist, dass es ein Gesundheits- und Diätprogramm ist, welches sich wunderbar ins Leben integrieren lässt, ohne etwas zu vermissen.

Wie finde ich eine Ernährung, die zu mir passt?

Ich mag die Flexibilität, die das Konzept des intermittierenden Fastens mit sich bringt: Dass sich das Essen dem Leben anpasst. Mit dieser Flexibilität habe ich auch dieses Buch geplant. Die Rezeptkapitel sind nicht klassisch in Frühstück, Mittag- und Abendessen eingeteilt. Das erste Kapitel heißt »Start in den Tag«. Wann ihr den Tag kulinarisch eröffnet, ob morgens um 8 Uhr oder erst gegen 12 oder 14 Uhr, bleibt euch überlassen. Im zweiten Kapitel dreht sich alles um die »Hauptmahlzeiten«. Das sind die großen Mahlzeiten des Tages. Ob diese mittags oder abends stattfinden, ist völlig egal. Und dann gibt es noch die »Kleinen Gerichte«: Ein schneller Lunch oder ein Happen am Abend, perfekt als Ergänzung, wenn ihr noch etwas Gesundes zu euch nehmen wollt. Entscheidend ist doch, dass das Essen zum Leben passt. Wer am Wochenende seinen Garten neu anlegen möchte, braucht Energie in Form von Kohlenhydraten. Wer einen Tag am Schreibtisch vor sich hat, benötigt nicht ganz so viele Kalorien, aber hochwertige Fette für den Grips und bestimmte Vitamine und Mineralstoffe für die Nerven. In diesem Buch möchte ich dafür die passenden Rezepte liefern.

Die Kraft von guten Lebensmitteln

Bei meinen Rezepten ist mir eines besonders wichtig: die guten Zutaten – ihr kennt mich. Was man seinem Körper wortwörtlich »einverleibt«, ist das, wovon er lebt und leben muss. Das Wort »Lebensmittel« ist also durchaus wörtlich zu nehmen. Welche Lebensmittel das für mich sind, zeige ich auf einigen Extra-Doppelseiten in diesem Buch. Es sind meine »Top Ten« in verschiedenen Produktgruppen: jeweils zehn großartige Gemüse- und Obstsorten, Kräuter, Nüsse, Gewürze, Fette und Getreidesorten. Ich bin immer wieder begeistert, was für geniale Vitalstoffe darin stecken und wie sie dazu beitragen können, Herz, Hirn, Knochen, Gelenke und Darm gesund zu erhalten. Angefangen bei heimischen Superfoods wie Heidelbeeren über in Vergessenheit geratene Heilkräuter wie Brennnesseln bis hin zu spannenden Entdeckungen aus aller Welt wie Jiaogulan, dem »Kraut der Unsterblichkeit«. Diese Zutaten ziehen sich durch die Rezepte wie ein roter Faden. »Weil's einfach gesünder ist« ist also mein kulinarischer Erste-Hilfe-Kasten für euch.

Was brauchen wir wirklich?

Wir brauchen kein ernährungswissenschaftliches Essay, mir geht es einfach nur darum, euch aufzuzeigen, welche Lebensmittel wichtig für unsere Gesundheit und unser Wohlbefinden sind. Denn Fakt ist: Unser Körper braucht zahlreiche wichtige Nährstoffe, um leben zu können und leistungsfähig zu bleiben. Diese Vitalstoffe versorgen alle Körperstrukturen mit dem, was sie benötigen, damit alle Prozesse im Körper laufen wie geschmiert. Viele dieser Nährstoffe sind essenziell, also lebensnotwendig. Sie können vom Körper nicht selbst gebildet werden, daher ist es umso wichtiger, dass wir Lebensmittel zu uns nehmen, die diese Stoffe von Natur aus enthalten. Zu diesen essenziellen Lebensmitteln gehören bestimmte Aminosäuren (Eiweißbausteine), Fettsäuren und einige Vitamine (okay, doch ein bisschen Ernährungswissenschaften).

Obst und Gemüse

Obst und Gemüse sollten die Grundlage unserer Ernährung sein, wenn wir uns gesund und ausgewogen ernähren wollen. Etwa drei Portionen Gemüse (ca. 400 g) sollten es täglich sein – am besten jeweils zur Hälfte gegart und roh. Wenn dann noch zwei Portionen Obst (ca. 250 g) hinzukommen, ist es perfekt! Bei der Auswahl der Obst- und Gemüsesorten gibt es keine Einschränkungen, höchstens folgende Zauberformel: »Eat the rainbow« auf gut Deutsch »Esst den Regenbogen«. Das meint, dass wir bei der Auswahl an Obst- und Gemüsesorten möglichst querbeet essen sollten, mal gelb, mal grün, mal rot, mal violett. Warum? Ihre Farbe erhalten Obst und Gemüse durch sogenannte sekundäre Pflanzenstoffe. Die Pflanzen brauchen die sekundären Pflanzenstoffe eigentlich für sich selbst, sie schützen sich damit vor Fressfeinden, Bakterien, Pilzen und Viren. Wenn wir die Pflanzen essen, nehmen wir die sekundären Pflanzenstoffe auf und profitieren ebenfalls davon. Sekundäre Pflanzenstoffe wirken antioxidativ, antibakteriell, antiviral, anti-inflammatorisch und antikanzerogen. Vereinfacht ausgedrückt sind sie sehr wichtig für ein starkes Immunsystem und gesundes biologisches Altern. Sekundäre Pflanzenstoffe wirken gegen Entzündungen im Körper und können Krankheiten wie Krebs vorbeugen.

Zum Glück gibt es das ganze Jahr über frisches Gemüse in den verschiedensten Farben, Formen, Größen, Aromen und Konsistenzen. Warum saisonal kaufen? Sorten, die gerade Saison haben, sind erstens besonders nährstoffreich sowie aromatisch und zweitens auch günstiger, als wenn sie einmal um den halben Erdball geflogen sind.

Gibt es auch heimische Superfoods?

Es ist gar nicht nötig, in ferne Länder zu schielen, um an gesunde Obst- und Gemüsesorten zu kommen. Es gibt eine große Auswahl an heimischen Superfoods. Superfoods sind Lebensmittel, die besonders viele Vitalstoffe enthalten – also Vitamine, Mineralstoffe, Spurenelemente oder die eben erläuterten sekundären Pflanzenstoffe. Man nennt diese Vitalstoffe auch Mikronährstoffe, da sie nicht in rauen Mengen in den Lebensmitteln vorkommen, aber auch der geringe Gehalt eine wichtige Bedeutung für uns hat. Zu den heimischen Superfoods zählen zum Beispiel Rosenkohl, Grünkohl, Rote Bete, Chicorée oder Mangold. Beim Obst Him- oder Heidelbeeren. Oder milchsauer fermentiertes Gemüse wie Sauerkraut.

In Rosenkohl und Sauerkraut, aber auch in Chicorée, Artischocken, Endiviensalat und Zitrusfrüchten sind ganz spezielle sekundäre Pflanzenstoffe enthalten, die sogenannten Bitterstoffe. Man nimmt sie beim Essen sofort wahr, zwar nicht über die Optik, aber sehr wohl auf der Zunge, denn sie schmecken bitter. Das mag sensorisch zunächst nicht so ansprechend sein, bringt aber Spannung ins Essen und macht den Genuss um einiges vielschichtiger. Und gesundheitlich bringen sie jede Menge Vorteile mit sich. Bitterstoffe kurbeln die Bildung von Verdauungssäften an, fördern die Darmbewegung und erleichtern die Fettverdauung. Und eine gesunde Darmflora ist die beste Grundlage für ein starkes Immunsystem und gute Abwehrkräfte. Zudem helfen Bitterstoffe aktiv beim Abnehmen.

Makronährstoffe – die großen Drei

Kohlenhydrate gehören genau wie Eiweiß und Fette zu den Makronährstoffen; sie alle liefern unserem Körper Energie. Kohlenhydrate stecken in den meisten Sättigungsbeilagen wie Reis, Kartoffeln, Nudeln und Brot. Sie sind in den letzten Jahren etwas in Verruf geraten. Kohlenhydrate sollen angeblich dick machen und daher in der Ernährung möglichst reduziert werden. So pauschal kann man das aber nicht sagen. Unser Körper benötigt Kohlenhydrate für die Muskelarbeit und die Leistung des Gehirns. Wenn der Blutzuckerspiegel ausgeglichen ist, fühlen wir uns fit und leistungsstark. Rauscht er allerdings in den Keller, werden wir müde, lustlos und erschöpft, auch die Konzentrationsfähigkeit nimmt ab.

Es sollte also unser Ziel sein, mit der Ernährung einen möglichst stabilen Blutzuckerspiegel zu erlangen. Wenn wir Süßigkeiten bzw. leicht verdaubare Kohlenhydrate essen, bekommen wir schnell einen Energieschub, genauso schnell kommt aber ein Tief, und der Körper verlangt Zuckernachschub. Heißhunger droht! Und damit die Gefahr, dass wir eigentlich viel zu viel essen und nicht unbedingt das, was man essen sollte. Deshalb ist es cleverer, auf komplexe Kohlenhydrate zu setzen, auch langkettige Kohlenhydrate genannt. Das gelingt am besten mit Vollkorn und Vollkornprodukten, mit ungeschältem Reis und Hülsenfrüchten. Die langkettigen Kohlenhydrate gelangen erst peu à peu ins Blut und werden sukzessive in die Zellen geschleust und verarbeitet. So fährt der Stoffwechsel nicht Achterbahn, und es droht auch kein Heißhunger.

Wie bleibe ich lange satt?

Jetzt kommen die sogenannten Ballaststoffe ins Spiel; auch sie zählen zu den Kohlenhydraten. Im Gegensatz zu den verwertbaren Kohlenhydraten können

Ballaststoffe jedoch nicht als Energielieferant für den Körper genutzt werden, sie sind so gut wie unverdaulich. Klingt nutzlos? Ist aber sehr gesund. Bestimmte Ballaststoffe binden im Magen-Darm-Trakt Wasser und können stark aufquellen. Das hält lange satt, sorgt für einen ausgeglichenen Blutzuckerspiegel und verhindert Heißhungerattacken.

Proteine – Bausubstanz für den Körper

Proteine sind – ohne zu übertreiben – die Baustoffe des Lebens. Wir brauchen sie für die Zellen, für Muskulatur, Knochen, Gewebe, Hormone und Blut. Für alles, was Wachstum und Regeneration anbelangt, sind Proteine – man nennt sie auch Eiweiße – unerlässlich. Proteine setzen sich aus Aminosäuren zusammen. Unser Körpereiweiß besteht aus 21 verschiedenen Aminosäuren, von denen acht essenziell sind. Diese essenziellen Aminosäuren müssen mit der Nahrung aufgenommen werden, da sie vom Körper nicht selbst hergestellt werden können.

Tierisches oder pflanzliches Eiweiß?

Es ist also wichtig, das »Vorratslager« an Aminosäuren täglich aufzufüllen. Ideal ist es, wenn wir alle möglichen verschiedenen Eiweißquellen anzapfen, denn so profitieren wir von der breiten Palette der verschiedensten Aminosäuren. Fisch, Fleisch, Geflügel, Eier, Milch und Milchprodukte bieten Eiweiß tierischen Ursprungs. Sie können von unserem Körper besonders gut aufgenommen werden. Aber auch Eiweiße aus pflanzlicher Herkunft sollten regelmäßig auf dem Teller landen. Sie kommen vermehrt in Hülsenfrüchten, Quinoa und Getreide sowie in Samen, Nüssen und Kernen vor.

Fette – besser als gedacht

Fett hatte jahrelang fast einen schlechten Ruf, ist aber tatsächlich lebenswichtig. Und keine Sorge, Fett macht nicht per se dick. Fette sind wichtige Baustoffe, Isoliermaterial und bedeutende Signalsubstanzen für unser Gehirn und alle Nervenzellen. Und: Fett liefert essenzielle Fettsäuren, die der Körper nicht selbst herstellen kann, aber dringend braucht. Ohne Fett könnte der Körper die wichtigen Vitamine A, D, E und K nicht aufnehmen, denn diese sind fettlöslich.

Gibt es gute Fette und schlechte Fette?

Die Frage ist also nicht, ob wir Fett aufnehmen sollten, sondern nur welches Fett wir verwenden sollten. Sehr gut sind pflanzliche Fette. Also zum Beispiel kalt gepresstes Olivenöl, Rapskernöl und Leinöl. Auch Nüsse und Samen sowie fette Seefische wie Lachs, Makrele oder Hering spielen eine wichtige Rolle, da sie essenzielle Fettsäuren (Omega-3-Fettsäuren) liefern, die sich positiv auf den Cholesterinspiegel auswirken. Wirklich kritisch sind lediglich gehärtete Fette, die bei der industriellen Verarbeitung entstehen. Meiden Sie Produkte mit solchen Transfetten!

Top Ten Fette und Öle

Keine Angst vor Fett! Fett ist nicht ungesund, sondern lebenswichtig für unseren Körper. Es kommt nur auf die Auswahl der richtigen Öle und Fette an – und davon gibt es eine ganze Menge und für jeden Geschmack.

Olivenöl

Olivenöl hilft beim Abnehmen. Das glauben Sie nicht? Doch, Olivenöl sorgt für ein lang anhaltendes Sättigungsgefühl und unterstützt uns letztlich dabei, weniger zu essen. Und gesund ist es auch: Die ungesättigten Fettsäuren regen den Stoffwechsel an, können Entzündungen mindern und sogar vor Krebs schützen. Auch die fettlöslichen Vitamine A und E stecken in Olivenöl – für junge, elastische Haut.

Arganöl

Ein Trend in der Gourmetküche und Kosmetik, wo dem Öl ein Beauty- und Anti-Aging-Effekt nachgesagt wird. Das Öl des marokkanischen Arganbaums ist reich an Vitamin E und stärkt das Immunsystem. Damit alle guten Inhaltsstoffe erhalten bleiben, das Arganöl am besten nicht erhitzen, sondern nur in der kalten Küche verwenden.

Butterschmalz und Ghee

Butter wurde lange verteufelt. Doch sie enthält reichlich gesättigte und mittelkettige Fettsäuren. Letztere können leicht in Ketone umgewandelt werden, was die Butter wie MCT-Öl zu einem beliebten Fett in der Low-Carb-Ernährung macht. Ghee ist geklärte Butter – ganz ähnlich unserem Butterschmalz – und stammt aus der ayurvedischen Küche.

Haselnussöl

Haselnüsse haben hervorragende innere Werte – und so auch das aus ihnen gewonnene Öl. Der hohe Kalziumgehalt macht Haselnussöl wertvoll für unsere Zahn- und Knochengesundheit. Der Geschmack ist atemberaubend: vollmundig und nougatähnlich! Achten Sie beim Kauf auf Kaltpressung, dann sind alle Inhaltsstoffe bestmöglich erhalten.

Kürbiskernöl

Bei dem Öl fällt eines ins Auge: die intensiv grüne Farbe. Deshalb lohnt es schon aus optischen Gründen, ein paar Tropfen Öl über das fertige Essen zu träufeln. Aber auch gesundheitlich hat das Öl einiges zu bieten, etwa Vitamin E. Kürbiskernöl kann Herz-Kreislauf-Erkrankungen und Gelenkproblemen vorbeugen und vor hohen Cholesterinwerten schützen.

Leinöl

Es ist der Top-Scorer unter den Ölen, was den Gehalt an der Omega-3-Fettsäure Alpha-Linolensäure betrifft (das altgriechische Wort »linos« für Lein war namensgebend). Diese für den Körper essenzielle Fettsäure senkt Entzündungen und schützt Muskeln und Gelenke. Leinöl leuchtet intensiv gelb und schmeckt nussig und leicht nach Heu.

MCT-Öl

MCT ist die englische Abkürzung für »medium chain triglycerides«, also mittelkettige Fettsäuren. Die stehen dem Körper als sofortige Energiequelle zur Verfügung und landen nicht als unerwünschte Polster auf den Hüften. MCT-Fette sind in Kokosöl, Palmkernöl und in geringer Menge in Butter enthalten, aber auch als spezielles MCT-Öl im Handel.

Rapsöl

Das leuchtend gelbe Öl wird nicht aus den Blüten, sondern aus den Samen gewonnen. Rapsöl überzeugt durch eine perfekte Fettsäurezusammensetzung: überdurchschnittlich viele Omega-3-Fettsäuren, darunter viel Alpha-Linolensäure, die für den Menschen essenziell ist. Omega-3-Fettsäuren können den Cholesterinspiegel senken und Entzündungen im Körper hemmen.

Traubenkernöl

Um einen Liter Traubenkernöl herzustellen, braucht man 50 Kilogramm Trauben. Genauer gesagt, die kleinen Kerne der Trauben. Achten Sie auf Qualität, das Öl sollte kalt gepresst bzw. nativ sein. Wie die Trauben selbst enthält auch das Kernöl wertvolle Polyphenole. Diese sekundären Pflanzenstoffe sind effektive Zellschützer. Außerdem enthält es die Antioxidantien Vitamin E, Resveratrol und Lecithin.

Walnussöl

Das Öl schmeckt leicht bitter und herb – ideal für Salate in der kalten Küche. Es ist sicherlich kein Standard-Küchenöl, sondern kommt als Geschmacksveredler etwa in Pestos (s. S. 142 und 148) oder Plätzchen (s. S. 152) voll zur Geltung. Walnussöl enthält viele mehrfach ungesättigte Fettsäuren sowie die vitaminähnlichen Stoffe Cholin und Lecithin, die Nerven und Gehirn leistungsfähig halten.

Start in den Tag

Goldene Milch

Für 2 Personen

- 400 ml pflanzenbasierte Milchalternative (z. B. ungesüßter Mandel-, Soja- oder Cashewdrink)
- 1 EL gemahlene Bio-Kurkuma
- 1 Stück Ingwer, geschält und fein gerieben (10 g)
- 2 Msp. schwarzer Pfeffer aus der Mühle
- ½ TL gemahlener Zimt
- 1 Prise Muskatnuss, frisch gerieben
- 1,5 EL Agavendicksaft
- 1 EL MCT-Öl (erhältlich im Reformhaus)

Dieses Getränk hat wirklich die Goldmedaille verdient! Das güldene Zauberpulver, das die Milch so schön färbt, heißt übrigens Kurkuma. Es schmeckt nicht nur wunderbar würzig und erdig, sondern wirkt auch entzündungshemmend. Perfekt für die Gelenke und das Herz-Kreislauf-System!

Die Pflanzenmilch mit Kurkuma, Ingwer, Pfeffer, Zimt und Muskatnuss in einen kleinen Topf geben und bei schwacher Hitze aufkochen. Alles mit einem Schneebesen glatt rühren, damit sich die Aromen verbinden und entfalten können. Bei schwacher Hitze etwa 5 Minuten ziehen lassen.

Den Agavendicksaft in die heiße Gewürzmilch rühren. Wer möchte, kann gerne noch nachsüßen. Die Milch durch ein feines Sieb gießen. Durch das Passieren bekommen Sie eine ganz feine und glatte Milch und somit ein angenehmeres Trinkgefühl. Für mehr Intensität die Gewürze und Aromen in der Milch belassen.

Die goldene Milch vollständig abkühlen lassen und erst danach das MCT-Öl einrühren. Die goldene Milch in Gläser oder in eine kleine Flasche füllen, sofort genießen oder bis zur Verwendung kühl stellen.

Tipp

Die Kurkuma-Menge ist variabel. Starten Sie gerne erst mit 1 TL des Wundergewürzes und erhöhen nach und nach die Menge – denn an den leicht bitteren Geschmack muss man sich gewöhnen. Sie können die goldene Milch auch für ein paar Tage im Voraus zubereiten. Je länger sie ziehen kann, desto besser schmeckt sie. Füllen Sie sie dazu noch heiß in ausgekochte verschließbare Flaschen oder Gläser. Zum Servieren kräftig durchschütteln und erst jetzt das hitzeempfindliche MCT-Öl einrühren.

Ingwer-Mango-Shot

Für 2 Personen

Für den Ingwer-Mango-Shot
250 ml Orangensaft
1 Stück Ingwer, geschält und fein gerieben (15 g)
½ TL gemahlene Bio-Kurkuma
¼ reife, süße Mango, geschält und in kleine Stücke geschnitten (90 g)

Außerdem
Stabmixer

Den Orangensaft mit Ingwer und Kurkuma in einen kleinen Topf geben und bei schwacher Hitze aufkochen. Alles mit einem Schneebesen verrühren, damit sich die Gewürze und Aromen gut verbinden und entfalten können (s. Tipp).

Die Mangostücke in einen hohen Rührbecher geben, den heißen Orangensaft darübergießen und alles mit dem Stabmixer fein pürieren. Anschließend vollständig abkühlen lassen.

Nach Belieben können Sie den Ingwer-Mango-Shot auch auf Vorrat zubereiten. Dazu kochen Sie den gemixten Mango-Shot einfach im Topf nochmals auf, gießen ihn in ausgekochte, verschließbare Flaschen oder Gläser, stellen das Gefäß auf den Kopf und lassen die Flüssigkeit so abkühlen. Danach in den Kühlschrank stellen – so hält sich der Shot ohne Probleme mehrere Tage.

Zum Genießen einfach nochmals kurz aufschütteln und in Trinkgläser gießen. Die kleinen Flaschen eignen sich fantastisch zum Mitnehmen.

Tipp

Gemahlene Kurkuma löst sich erst in heißen Flüssigkeiten auf. Auch wenn Sie z. B. einen Kurkuma-Joghurt oder ein Kurkuma-Dressing zubereiten wollen, sollten Sie das Kurkuma-Pulver daher immer erst mit einem Schuss heißem Wasser oder Orangensaft auflösen. Bei diesem Rezept zeigt sich ganz deutlich, dass man auf herkömmlichen Zucker, Honig, Ahornsirup oder ähnliche Süßungsmittel verzichten und die ganz natürliche Süßkraft aus Obst nutzen kann.

Anstelle der Mango können Sie genauso Erdbeeren, Himbeeren, Weintrauben oder Bananen verwenden – je nach Saison und Vorlieben. Gerne auch mal eine Mischung aus mehreren Obstsorten. Wenn Sie, so wie ich, nicht so gerne auf Kerne beißen, gießen Sie z. B. bei der Verwendung von Himbeeren den Shot vor dem Trinken einfach durch ein feines Sieb.

Mein grüner »Lieblings-Smoothie«

Für 2 Personen

Für den Smoothie

- ¼ Eisbergsalat, geputzt, gewaschen und in grobe Stücke geschnitten (100 g)
- ½ Avocado, geschält und entkernt (100 g)
- 1 Banane, geschält und grob geschnitten (80 g)
- 1 süßsäuerlicher Apfel, geschält und in kleine Stücke geschnitten (140 g)
- 1 Stück Ingwer, geschält und fein gerieben (8 g)
- 300 ml Apfelsaft, naturtrüb oder klar
- 2 EL MCT-Öl (erhältlich im Reformhaus)

Außerdem

Standmixer oder Stabmixer

Den Eisbergsalat mit Avocadofruchtfleisch, Bananenstücken, Apfelstücken und Ingwer in einen Standmixer oder in einen hohen Rührbecher geben. Alles mit dem Apfelsaft übergießen und (ggf. mit dem Stabmixer) langsam startend zu einem zart grünen cremigen Smoothie pürieren.

Sobald sich die Zutaten gut verbunden haben, das MCT-Öl dazugeben. Dabei die Mixleistung erhöhen, damit noch Sauerstoff eingemixt wird und der Smoothie leicht und luftig wird. Den grünen cremigen Smoothie auf Gläser verteilen und genießen. Zum Mitnehmen in verschließbare Flaschen gießen und als Power-Drink für zwischendurch trinken.

Tipp

Beim Mixen sollten Sie darauf achten, mit Geräten zu arbeiten, die eine hohe Dreh- bzw. Mixleistung haben. Je schwächer die Drehzahl, desto länger braucht der Mixvorgang. Gerade bei grünen Smoothies ist das wichtig, denn je länger man mixt, desto heißer werden die Schneidemesser im Gerät, und dadurch kann sich die Farbe verändern, d. h. der Smoothie kann grau werden. Das Gleiche gilt z. B. auch bei der Zubereitung von klassischem Pesto oder grünen kalten Saucen.

Bei der Auswahl der Früchte sind Ihrer Fantasie keine Grenzen gesetzt. Aber achten Sie darauf, dass immer ein Teil Salat oder Gemüse mit in den Mixer kommt, denn zu süß sollten die Smoothies auch nicht sein. Für ein ausgewogenes Gleichgewicht eignen sich z. B. junger Blattspinat, Grünkohl, Kopfsalat oder gekochte Rote Bete.

Grüntee mit Vanillebutter »Guten Morgen«

Für 2 Personen

Für den Grüntee
4 g getrockneter Grüntee (alternativ Jiaogulan-Tee)
400 ml heißes Wasser
1 Msp. Vanillemark
40 g kalte Butter, in kleine Würfel geschnitten
1 EL MCT-Öl (erhältlich im Reformhaus)

Außerdem
Stabmixer

In Tibet wird Tee mit Butter traditionell schon zum Frühstück getrunken, der Buttertee gilt dort sogar als Nationalgetränk. Klingt erst einmal fremd, macht aber Sinn. Denn das Fett auf dem Tee steigert das Energielevel schon am Morgen. Ich verwende statt Butter gern reines MCT-Öl. Die enthaltenen mittelkettigen Fettsäuren können vom Körper optimal verstoffwechselt werden. Der Grüntee ist ein genialer Immunbooster!

Den Grüntee mit 400 ml heißem Wasser übergießen und 5 Minuten ziehen lassen. Den grünlich gefärbten Tee durch ein feines Sieb in einen hohen Rührbecher passieren, Vanillemark und Butterwürfel dazugeben und alles mit dem Stabmixer feinschaumig aufmixen. Das MCT-Öl dazugießen und alles nochmals mit dem Mixer aufschäumen. Den Tee in Tassen oder Becher füllen und morgens zum Start in den Tag genießen.

Tipp

Wer morgens Kaffee bevorzugt, mixt 250 ml starken Kaffee mit je 1 Msp. gemahlenem Kardamom, Zimt und Vanillemark sowie 40 g kalten Butterwürfeln auf und rundet die Mischung nach Belieben noch mit 2 Prisen braunem Zucker ab. Ich verwende am liebsten Jiaogulan-Tee.

Top Ten Gewürze und Co.

Ohne Gewürze schmeckt jedes Gericht fad. Umgekehrt kann man dem Essen mit Chili, Knoblauch und Co. viel Raffinesse und Tiefgang verleihen. Sie sorgen für den nötigen Pep auf dem Teller. Und gesund sind Gewürze auch noch.

Matcha

Dieses Trendgetränk der letzten Jahre ist wahnsinnig gesund. Denn Matcha ist nichts anderes als zu feinem Pulver vermahlener Grüntee, und der enthält superviel Flavonoide – das sind sekundäre Pflanzenstoffe. Das enthaltene Koffein sorgt für einen sanften Energieschub. Und wie schmeckt Matcha? Leicht herb nach Gras, aber auch dezent süß – einfach sehr lecker.

Chili

Jetzt wird's scharf! Wobei es je nach Chilisorte und -größe von mittelscharf bis höllisch scharf geht. Je kleiner die Schote, desto schärfer! Wer frische Schoten etwas »entschärfen« will, schabt die Kerne und Trennhäute heraus. Der enthaltene Inhaltsstoff Capsaicin ist nicht nur ein Scharfmacher, sondern feuert auch Verdauung und Stoffwechsel an.

Fenchelsamen

Hört man Fenchel, denken viele in erster Linie an Hustenbonbons oder Tees gegen Magengrummeln. Aber Fenchel kann mehr! Die Samen sind reich an wertvollen ätherischen Ölen, die die Fettverdauung und die Magensäfte ankurbeln. Wenn man die Fenchelsamen vorher im Mörser leicht anstößt, werden die Öle noch besser freigesetzt.

Ingwer

Er ist der Star unter den Gewürzen. Warum? Ingwer bringt ein fantastisches Aroma an jedes Essen – scharf, fruchtig und erfrischend. Seine Inhaltsstoffe pushen das Immunsystem und unterstützen die Verdauung rund um Magen und Galle. Gut zu wissen: Je länger Ingwer lagert, desto milder wird er, da sich die scharfen Gingerole in die milden Shoagole umwandeln.

Jiaogulan

Jiaogulan wird häufig als »Kraut der Unsterblichkeit« bezeichnet, denn in der südchinesischen Provinz Guizhou, wo sehr viel Jiaogulan-Tee getrunken wird, ist die Zahl der über Hundertjährigen sehr hoch ist. Jiaogulan enthält viele Saponine, die cholesterinsenkend wirken, Bakterien bekämpfen und das Immunsystem stärken. Allerdings hat Jiaogulan keine Nahrungsmittelzulassung in der EU, ist aber problemlos getrocknet oder frisch im Topf zu bekommen. Sie können bei den Rezepten im Buch Grüntee durch Jiaogulan-Tee ersetzen.

Kardamom

Der »König der Gewürze« wirkt in Kapselform von außen eher unscheinbar, hat es aber in sich. Die Inhaltsstoffe wirken wie ein Tonikum für Körper und Geist, sind belebend und konzentrationsfördernd. Eine Prise Kardamom im Kaffee schmeckt übrigens nicht nur lecker, sondern hilft auch, Koffein besser zu vertragen – ein echtes Dream-Team.

Knoblauch

Ob er gegen Vampire hilft, sei mal dahingestellt, aber unsere Gesundheit profitiert auf jeden Fall von den würzigen Zehen. Knoblauch enthält nämlich Sulfide, die Blutdruck und Cholesterin senken und Krebs und Thrombosen bekämpfen können. Tipp aus der Küche: Knoblauch nie zu scharf anbraten, sonst wird er bitter und verliert sein tolles Aroma.

Kümmel

So ein kleiner Kümmelschnaps nach einem fettreichen Essen ist beliebt als »Verteiler«. Es muss aber nichts Hochprozentiges sein, wenn ihr eurer Verdauung etwas Gutes tun wollt. Gebt stattdessen einfach ein paar der sichelförmigen Samen ans Essen – schwer Verdauliches wie Pilze oder Bratkartoffeln wird dadurch verträglicher.

Kurkuma

Allein schon für die fantastische orangegelbe Farbgebung gebührt Kurkuma eine Erwähnung, in die Top Ten schafft es das Ingwergewächs aber auch aufgrund seines Aromas und seiner »inneren Werte«. Kurkuma (auch Gelbwurz genannt) riecht würzig, erdig, holzig und warm. Und die enthaltenen ätherischen Öle machen sie zu einem wertvollen Zellschutz.

Safran

Safran ist das teuerste Gewürz der Welt. Und das zu Recht! Das Sammeln der feinen Fäden geht nämlich nur in mühsamer Handarbeit. Zum Glück braucht man in der Küche jedoch nur eine Spur Safran, um den Speisen eine intensive gelbe Färbung und eine leicht herbe Süße zu verleihen. Für Paella, Risotto milanese oder Bouillabaisse ist Safran unerlässlich.

Geeister Matcha-Tee mit Pfefferschaum

Für 2 Personen

Für das Matcha-Eis
2 Bio-Landeigelb (L)
60 g Zucker
100 ml Milch
1 TL Matcha-Teepulver
100 g Schlagsahne, cremig steif geschlagen

Für den Pfefferschaum
300 ml Kuhmilch oder pflanzenbasierte Milchalternative (z. B. ungesüßter Mandel-, Hafer- oder Cashewdrink)
1 Msp. Vanillemark
1 Msp. schwarzer Pfeffer aus der Mühle

Außerdem
Handrührgerät mit Quirlen, Stabmixer, längliche eckige Silikonform, Frischhaltefolie

Vielleicht kennen Sie Matcha-Tee schon. Klassisch wird das jadegrüne Pulver mit heißem Wasser aufgeschlagen. Bei diesem Rezept gibt es einen besonderen Clou: Das Matcha-Teepulver wird zu kleinen Eiswürfeln gefroren, die man bei Bedarf aus dem Gefrierschrank holen kann, mit heißer Milch aufgießt und darin schmelzen lässt.

Für das Eis die Eigelbe mit 40 g Zucker in einer Rührschüssel mit rundem Boden mit den Quirlen des Handrührgeräts glatt rühren. Die Milch in einem kleinen Topf aufkochen. Den übrigen Zucker (20 g) mit dem Matcha-Teepulver in einer kleinen Schüssel verrühren und in die kochende Milch rieseln lassen, alles glatt rühren.

Die heiße hellgrüne Milch auf die Eigelb-Zucker-Mischung gießen und alles mit den Quirlen des Handrührgeräts glatt rühren. Die Schüssel auf einen Topf mit heißem Wasser (s. Tipp) stellen und alles unter ständigem Rühren so lange schlagen, bis eine cremige, weißschaumige Masse entstanden ist. Die Schüssel vom Wasserbad nehmen, auf eine Schüssel mit eiskaltem Wasser stellen und darüber kalt schlagen. Dann die Sahne unterheben. Die Masse in die Silikonform gießen, mit Frischhaltefolie abdecken und mind. 4 Stunden tiefgefrieren.

Für den Pfefferschaum die Milch mit Vanillemark und und Pfeffer in einen Topf geben und aufkochen. Dann in einen hohen Rührbecher füllen und mit dem Stabmixer schaumig mixen.

Zum Servieren das Eis aus der Form drücken und mit einem Messer in gleichgroße Würfel schneiden. Die Eiswürfel auf hohe Gläser oder Tassen verteilen und mit dem heißen Pfefferschaum übergießen.

Tipp

Beim Aufschlagen über dem heißen Wasserbad darauf achten, dass die Schüssel nur im heißen Dampf steht und nicht mit dem kochenden Wasser in Berührung kommt. Die Masse würde sonst zu schnell zu heiß werden und stocken – ähnlich wie bei einem Rührei.

Kürbiskern-Haselnuss-Aufstrich mit Kakao

Für etwa 150 g

Für den Kürbiskernaufstrich
1 Bio-Landei (L)
25 g Haselnusskerne, fein gehackt
10 g Puderzucker
1 TL Kakaopulver (5 g)
50 g Haselnuss- oder Pflanzenöl
10 g Kürbiskernöl
1 Msp. Vanillemark
1 EL lauwarmes Wasser, nach Belieben

Außerdem
Stabmixer

Das Ei in einen Topf mit reichlich kochendem Wasser geben und 6 Minuten sprudelnd kochen. Dann das Ei kalt abschrecken, schälen und in einen hohen Rührbecher geben.

Die Haselnusskerne in einer Pfanne ohne Fett bei schwacher Hitze 2–3 Minuten rösten, bis sie anfangen zu duften und goldbraun sind. Dann aus der Pfanne auf einen Teller geben und abkühlen lassen. Den Puderzucker mit Kakaopulver und gerösteten Haselnüssen in einer Schüssel mischen.

Das geschälte Ei mit Haselnussöl und Kürbiskernöl übergießen und alles mit dem Stabmixer pürieren – dabei von unten her beginnend langsam nach oben ziehen. Alles zu einer cremigen Masse aufmixen, in eine Schüssel füllen und den Puderzucker-Nuss-Mix und das Vanillemark einrühren. Je nach Geschmack und für noch mehr Cremigkeit 1 EL lauwarmes Wasser einrühren.

Die Creme in ein kleines sauberes Glas oder eine kleine Schüssel füllen und z. B. zum Sonntagsfrühstück als süße Alternative zu Honig oder Fruchtaufstrich genießen.

Tipp

Unser Kürbiskern-Nuss-Aufstrich ist eine tolle Alternative zu den herkömmlichen zuckerhaltigen industriell hergestellten Nussaufstrichen. Weil das Ei gekocht ist, lässt sich die Creme im Kühlschrank ohne Probleme mind. 7 Tage aufbewahren.

Buchweizen-Knäckebrot mit Heidelbeer-Schoko-Joghurt

Für 2 Personen

Für das Knäckebrot
- 60 g Buchweizenmehl
- 60 g feinblättrige Haferflocken
- 40 g Sonnenblumenkerne
- 20 g geschroteter Leinsamen
- 20 g gekeimter Buchweizen (erhältlich im Reformhaus)
- 200 ml lauwarmes Wasser
- 1 EL Oliven- oder Rapsöl
- ½ TL Fleur de sel

Für den Heidelbeerjoghurt
- 100 g Heidelbeeren
- 50 ml Wasser
- 150 g griechischer Joghurt (10 % Fett, oder Sojaquark)
- 2 EL fein geriebene Zartbitter-Schokolade oder -Kuvertüre (20 g)
- 1 EL Ahornsirup oder Agavendicksaft zum Nachsüßen, nach Belieben

Außerdem
- Backpapier

Für das Knäckebrot den Backofen auf 175 °C (Umluft) vorheizen. Ein Backblech mit Backpapier belegen.

Buchweizenmehl, Haferflocken, Sonnenblumenkerne, Leinsamen und Buchweizen in einer Schüssel mischen. Dann das lauwarme Wasser mit dem Öl zu den trockenen Zutaten hinzufügen und alles mit einem Kochlöffel zu einem glatten Teig verrühren.

Den Teig auf das Blech laufen lassen und mit einer Palette oder einem Teigschaber 3–4 mm dünn zu einem Rechteck glatt verstreichen. Mit Fleur de sel gleichmäßig bestreuen, leicht andrücken und den Teig etwa 5 Minuten quellen lassen.

Das Knäckebrot in den Backofen (Mitte) schieben und darin 15 Minuten backen. Das Backblech herausnehmen und die Teigplatte mit einem Messer in gewünschte Portionsstücke vorschneiden (s. Tipp). Dann das Knäckebrot im Backofen noch 35 Minuten knusprig goldbraun backen. Anschließend herausnehmen und abkühlen lassen, in die vorgeschnittenen Stücke brechen.

Inzwischen für den Joghurt die Heidelbeeren verlesen und waschen, mit 50 ml Wasser in einem Topf aufkochen und bei schwacher Hitze 3–4 Minuten einkochen lassen, bis die Flüssigkeit vollständig eingekocht ist. Dabei immer wieder umrühren. Das Beerenmark in eine Schüssel füllen und kalt rühren.

Dann mit dem Joghurt glatt rühren, zuletzt die geriebene Schokolade unterheben und je nach Geschmack mit Ahornsirup oder Agavendicksaft abschmecken. Mit dem Knäckebrot servieren.

Tipp

Das Knäckebrot sollte bereits nach 15 Minuten Backzeit mit einem Messer vorgeschnitten werden. Nach dem Backen ist das Brot zu hart, um es in gleichmäßige Stücke schneiden zu können.

Scharfes Apfelweißkraut mit Erdnüssen und Seidentofu

Für 2 Personen

Für das Weißkraut

50 g Erdnusskerne, grob gehackt
2 EL Rapsöl
½ Kopf Weißkohl (450 g), geputzt, geviertelt, Strunk entfernt, Blätter in feine Streifen geschnitten
3–4 Prisen Salz
1 kleiner Apfel (z. B. Braeburn; 160 g), gewaschen, geviertelt, entkernt und in feine Streifen oder Scheiben geschnitten
½ Chilischote, fein geschnitten (oder 2 Prisen Chiliflocken)

Für den Seidentofu

150 g Seidentofu, in einem Sieb abgehängt
1 Bund Schnittlauch, in feine Röllchen geschnitten (2–3 EL)
Saft und Abrieb von ¼ Bio-Zitrone
2 Prisen Salz
schwarzer Pfeffer aus der Mühle
1 Prise brauner Zucker

Für das Weißkraut die Erdnüsse in einer Pfanne ohne Fett bei mittlerer Hitze 3–4 Minuten rösten, bis sie anfangen zu duften. Herausnehmen und abkühlen lassen.

Das Rapsöl in einer großen Pfanne oder einem Wok erhitzen, das Weißkraut dazugeben und durchrühren, mit Salz würzen. Das Weißkraut unter Rühren etwa 3 Minuten knackig braten. Dann Erdnüsse und Apfelstreifen dazugeben, alles mit Chili würzen und noch 3–4 Minuten braten.

Inzwischen den abgetropften Seidentofu mit Schnittlauch, Zitronensaft und -abrieb glatt rühren und mit Salz, Pfeffer und Zucker abschmecken.

Das gebratene Weißkraut nochmals mit Salz abschmecken und mit der Schnittlauchsauce servieren.

Tipp

Anstelle von Seidentofu können Sie auch stichfesten Joghurt, Dickmilch oder mit Milch oder Wasser angerührten Naturquark für die Sauce verwenden. Das Gericht ist dann nicht mehr vegan.

Gewürzspinat »Shakshuka«

Für 2 Personen

Für die Shakshuka
1 TL Butter für die Form
1 EL Olivenöl
1 kleine Zwiebel (80 g), in feine Würfel geschnitten
½ TL Tomatenmark
6–8 Safranfäden, in 2 EL lauwarmem Wasser eingeweicht
1 Msp. geriebener Ingwer
1 Msp. frisch geriebener Knoblauch
1 Msp. gemahlene Bio-Kurkuma
3 Kardamomkapseln (oder 1 Msp. gemahlener Kardamom)
400 g bunte Tomaten, gewaschen, Stielansätze entfernt und in grobe Würfel geschnitten
2–3 Prisen Salz
schwarzer Pfeffer aus der Mühle
1 Prise Chiliflocken
100 g junger Blattspinat, gewaschen und abgetropft
4 Bio-Landeier (L)
2 Prisen Fleur de sel

Außerdem
ofenfeste Form oder ofenfeste Pfanne

Die Spezialität aus der israelischen und nordafrikanischen Küche ist mittlerweile in den Trendküchen der ganzen Welt zu Hause. Shakshuka ist echtes Comfy und Soul Food, macht augenblicklich glücklich und zufrieden und wärmt schon morgens schön von innen.

Den Backofen auf 140 °C (Umluft) vorheizen. Die Form mit Butter ausfetten.

Das Olivenöl in einem Topf erhitzen und die Zwiebel darin bei mittlerer Hitze 2–3 Minuten glasig dünsten. Das Tomatenmark einrühren und kurz miträsten. Eingeweichten Safran samt Einweichwasser, Ingwer, Knoblauch, Kurkuma und Kardamomkapseln dazugeben, alles kurz mischen und bei schwacher Hitze 2–3 Minuten dünsten.

Die Tomatenwürfel hinzufügen, alles mit Salz, Pfeffer und Chiliflocken würzen und 1 Minute ziehen lassen. Den Spinat dazugeben und noch 1 Minute weitergaren, dabei immer wieder umrühren. Die Tomaten sollten nur eben zerfallen, d. h. stückig bleiben. Die Mischung nochmals abschmecken und in der Form verteilen.

Mit einem Löffel oder einer kleinen Schöpfkelle vier kleine Mulden mit etwas Abstand nebeneinander in die Spinat-Tomaten-Mischung drücken. Je 1 Ei in eine Mulde gleiten lassen. Die Shakshuka in den Backofen (Mitte) schieben und darin 20–25 Minuten garen. Das Eiweiß sollte dann gestockt und die Eigelbe noch cremig sein.

Die fertige Shakshuka aus dem Backofen nehmen, mit Fleur de sel und Pfeffer würzen und z. B. mit Walnussfladen (s. S. 162) servieren.

»Bei der Auswahl
der Obst- und Gemüse-
sorten gibt es keine
Einschränkungen,
höchstens folgende
Zauberformel:
›eat the rainbow‹.«

Schokoladen-Granola mit Hanfsamen und Obst

Für 2–3 Personen

Für das Schokoladen-Granola (auf Vorrat)
150 g Haferflocken
150 g Dinkelflocken
20 g geschälte Hanfsamen
50 g Mandelblättchen
120 g Kokosfett (Glas)
40 g Zartbitterkuvertüre (60 % Kakaoanteil), grob gehackt
80 g flüssiger Honig
½ TL gemahlene Bio-Kurkuma
1 TL gemahlener Zimt

Für den Erdbeerjoghurt
300 g Erdbeeren, gewaschen, Strunk entfernt und in grobe Stücke geschnitten
400 g stichfester Joghurt (3,8 % Fett)
1 Msp. Vanillemark

Für die Aprikosen
250 g Aprikosen, gewaschen, halbiert und entkernt
2 Prisen Vanillezucker
10 ml Sanddorndirektsaft (erhältlich im Reformhaus)
90 ml Orangensaft

Außerdem
Backpapier, ggf. Stabmixer

Den Backofen auf 160 °C (Umluft) vorheizen. Ein Backblech mit Backpapier belegen.

Für das Granola Hafer- und Dinkelflocken mit Hanfsamen und Mandelblättchen in einer Schüssel mischen. Das Kokosfett mit Kuvertüre und Honig in einen Topf geben, lauwarm erhitzen und gut verrühren. Vom Herd ziehen und Kurkuma und Zimt einrühren.

Das dunkle Kokosfett zur Flockenmischung geben und alles gut mischen. Dann auf das Backblech geben und glatt verstreichen. Das Granola in den Backofen (Mitte) schieben und darin etwa 35 Minuten goldbraun und duftend backen, dabei immer wieder durchrühren. Danach herausnehmen und vollständig abkühlen lassen.

Für den Erdbeerjoghurt etwa die Hälfte der Erdbeeren mit einer Gabel zu Mus zerdrücken oder mit dem Stabmixer fein pürieren. Den Joghurt in einer Schüssel mit dem Vanillemark glatt rühren.

Die Aprikosen in einer Pfanne ohne Fett bei mittlerer Hitze 2–3 Minuten anbraten, wenden und noch 1–2 Minuten braten. Dann mit Vanillezucker bestreuen, mit Sanddorndirekt- und Orangensaft ablöschen, alles durchschwenken und 2 Minuten einkochen lassen.

Zum Servieren den Joghurt mit Granola, Erdbeermark, übrigen Erdbeeren und Aprikosen anrichten. Restliches Granola in ein Glas füllen und in den nächsten Tagen genießen.

Karamellisierter Apfel mit Safranstreuseln und Leinsamenjoghurt

Für 2 Personen

Für die Safranstreusel
50 g Weizenmehl (Type 405)
40 g kalte Butter, in kleine Würfel geschnitten
40 g Mandelblättchen
20 g brauner Zucker
8–10 Safranfäden, in 1 EL lauwarmem Wasser eingeweicht
1 Prise Salz
1 Msp. Vanillemark
1 Msp. gemahlener Zimt

Für den karamellisierten Apfel
2 Äpfel (z. B. Braeburn; à etwa 160 g), geschält, mit dem Apfelausstecher entkernt und in 2 cm dicke Scheiben geschnitten
1 TL Ghee oder Butterschmalz
1 TL brauner Zucker

Für den Leinsamenjoghurt
100 g Joghurt (3,8 % Fett)
1 EL flüssiger Honig (10 g)
1 EL geschroteter Leinsamen (10 g)
1 Msp. Vanillemark

Zum Anrichten
Puderzucker zum Bestäuben

Außerdem
kleine ofenfeste Form, Backpapier

Für die Safranstreusel die Form mit Backpapier auslegen. Das Mehl mit Butter, Mandeln, Zucker, Safran samt Einweichwasser, Salz, Vanillemark und Zimt in einer Schüssel mischen und am besten mit den Händen bzw. Fingerspitzen zu groben Streuseln verkneten. Die Streusel in der Form verteilen und 30 Minuten tiefgefrieren (s. Tipp). Inzwischen den Backofen auf 180 °C (Umluft) vorheizen.

Die Streusel vor dem Backen wieder auseinanderpflücken, in den Backofen (Mitte) schieben und darin 20 Minuten knusprig goldbraun backen. Herausnehmen und abkühlen lassen.

Inzwischen die Apfelscheiben in einer Pfanne ohne Fett bei mittlerer Hitze 3 Minuten goldbraun duftend anbraten, dann wenden. Ghee oder Butterschmalz und den Zucker dazugeben und die Apfelscheiben bei schwacher Hitze noch 6–7 Minuten weich garen, dabei immer wieder wenden. Den Joghurt mit Honig, Leinsamen und Vanillemark in einer Schüssel mit einem Schneebesen glatt rühren.

Zum Servieren die karamellisierten Apfelscheiben mit den Streuseln anrichten und mit dem Joghurt beträufeln. Mit Puderzucker bestäuben.

Tipp

Durch das Einfrieren der Streusel bleiben sie während des Backvorgangs besser in Form und laufen nicht so leicht auseinander.

Birnenporridge mit Hanfsamen und Ringelblumen

Für 2 Personen

Für den Birnenporridge
- 400 ml Kuhmilch oder pflanzenbasierte Milchalternative (z. B. ungesüßter Mandel-, Hafer- oder Cashewdrink)
- ½ Vanilleschote, längs halbiert und ausgekratzt
- 2 Msp. gemahlener Zimt
- 1 reife Birne, geschält, geviertelt, entkernt und fein gerieben (200 g)
- 100 g feinblättrige Haferflocken
- 50–100 ml Wasser
- 2 EL Weizenkeimflocken (15 g; erhältlich im Reformhaus)

Für die gerösteten Birnen
- 1 TL Butter
- 1 reife Birne, geschält, geviertelt, entkernt und in dünne Spalten geschnitten (200 g)
- 2 EL geschälte Hanfsamen (20 g; erhältlich im Reformhaus)
- 4–5 frische Ringelblumenblüten, Blätter abgezupft

Zum Anrichten
- 2 TL Leinöl

Für den Birnenporridge die Milch mit Vanilleschote und -mark sowie Zimt in einen Topf geben und aufkochen. Die geriebene Birne und die Haferflocken einrühren und alles erneut unter Rühren aufkochen. Den Porridge bei schwacher bis mittlerer Hitze etwa 5 Minuten zu einem cremigen Brei köcheln lassen. Dabei immer wieder umrühren, damit nichts am Topfboden anliegt. Je nach gewünschter Konsistenz noch 50–100 ml Wasser dazugeben. Zuletzt die Weizenkeimflocken einrühren, den Porridge vom Herd ziehen und die Vanilleschote entfernen.

Für die gerösteten Birnen inzwischen die Butter in einer Pfanne zerlassen und die Birnenspalten darin von beiden Seiten insgesamt 2–3 Minuten anbraten. Die Hanfsamen und die Ringelblumenblätter darüberstreuen, alles kurz durchschwenken und vom Herd ziehen.

Zum Servieren den cremigen Birnenporridge auf tiefe Teller oder Schalen verteilen und mit den heißen Birnenspalten belegen. Die übrige Hanf-Ringelblumen-Butter und das Leinöl darüberträufeln.

Hirseporridge mit Paprika und Himbeeren

Für 2 Personen

Für den Hirseporridge
1 TL Olivenöl
1 rote Paprikaschote, halbiert, entkernt, mit dem Sparschäler geschält und in ½ cm große Würfel geschnitten (180 g)
½ Vanilleschote, längs halbiert und ausgekratzt
300–350 ml Kuhmilch oder pflanzenbasierte Milchalternative (z. B. ungesüßter Mandel-, Hafer- oder Cashewdrink)
50 ml Wasser
100 g Hirseflocken (erhältlich im Reformhaus)

Für die Himbeersauce
150 g Himbeeren (frisch oder tiefgefroren und aufgetaut)
1 TL brauner Zucker (5 g)
1 Spritzer Zitronensaft

Zum Anrichten
50 g Mandeln
1 Handvoll Him- oder Erdbeeren, verlesen, gewaschen und trocken getupft

Außerdem
Stabmixer

Für den Porridge das Olivenöl in einem Topf erwärmen und die Paprikawürfel einstreuen. Vanilleschote und -mark dazugeben und alles bei schwacher Hitze 5–6 Minuten dünsten. Dabei nach und nach 50 ml Wasser dazugießen. Mit Milch ablöschen, die Hirseflocken dazugeben und alles aufkochen. Dabei immer wieder umrühren, damit nichts am Topfboden anliegt. Den Hirseporridge bei schwacher Hitze noch etwa 8 Minuten sämig köcheln lassen, dann vom Herd ziehen und die Vanilleschote wieder entfernen.

Für die Sauce inzwischen die frischen oder aufgetauten Himbeeren mit Zucker und Zitronensaft in einen hohen Rührbecher geben und mit dem Stabmixer fein pürieren. Die Sauce durch ein feines Sieb passieren, um die kleinen Kerne zu entfernen.

Zum Servieren die Mandeln (s. Tipp) in einer heißen Pfanne ohne Fett bei mittlerer Hitze 3–4 Minuten so lange rösten, bis sie duften. Dann aus der Pfanne auf ein Arbeitsbrett geben, abkühlen lassen und grob hacken. Den Hirseporridge mit Himbeersauce, frischen Himbeeren oder Erdbeeren und Mandeln anrichten. Zum Mitnehmen einfach in ein gut schließendes Gefäß füllen.

Tipp

Wer will, kann die Mandeln über Nacht in kaltes Wasser einlegen. So werden sie weicher, die gesunden Inhaltsstoffe können besser verarbeitet und vom Körper aufgenommen werden. Am nächsten Tag einfach aus dem Wasser heben, auf einem Küchenpapier abtropfen lassen und wie beschrieben in der Pfanne goldbraun rösten.

Hafer-Beeren-Pancakes mit orientalischem Gewürzhonig

Für 2 Personen

Für die Hafer-Beeren-Pancakes
100 g Hafermehl
1 Msp. Backpulver
2 EL feinblättrige Haferflocken (20 g)
1 Prise Salz
2 Msp. gemahlener Zimt
1 Msp. Bio-Orangenabrieb
75 ml ungesüßter Haferdrink
2 Bio-Landeier (L)
100 g Heidelbeeren, verlesen, gewaschen und trocken getupft
1 TL Oliven- oder Rapsöl
1 EL Butterschmalz zum Braten

Für den Gewürzhonig
50 g flüssiger Honig
1 Msp. geriebener Ingwer
3–4 Safranfäden, in 1 EL lauwarmem Wasser eingeweicht
2 Kardamomkapseln oder 2 Prisen gemahlener Kardamom
1–2 Prisen Chiliflocken
1 Prise gemahlene Bio-Kurkuma

Zum Anrichten
2 TL MCT-Öl (erhältlich im Reformhaus), nach Belieben

Für die Pancakes das Hafermehl mit Backpulver, Haferflocken, Salz, Zimt und Orangenabrieb in einer Rührschüssel mischen. Haferdrink und Eier dazugeben und alles mit einem Schneebesen zu einem dickflüssigen, cremigen Teig verrühren. Zuletzt die Heidelbeeren und das Öl unterrühren.

Das Butterschmalz in einer großen Pfanne zerlassen. Von dem Teig mit einem Esslöffel 8 kleine Portionen abnehmen, in das heiße Fett setzen und bei mittlerer Hitze 2 Minuten braten. Dann wenden und weitere 2–3 Minuten goldbraun backen. Die Pancakes herausnehmen und auf Küchenpapier abfetten lassen.

Für den Gewürzhonig inzwischen den Honig mit Ingwer, eingeweichtem Safran samt Einweichwasser, Kardamom, Chiliflocken und Kurkuma in einem Topf oder einer kleinen Pfanne bei schwacher Hitze erwärmen. Dabei immer wieder umrühren.

Zum Servieren die Hafer-Pancakes auf Teller verteilen und mit dem Gewürzhonig und nach Belieben noch mit dem MCT-Öl beträufeln.

Tipp

Anstelle von Heidelbeeren können Sie die Pancakes auch mit Himbeeren zubereiten und diese unter den Teig mischen.

Weizenkeim-Pancakes mit Walnüssen, Roter Bete und Granatapfel

Für 2 Personen

Für die Roten Beten
2 Rote Beten (à etwa 150 g), gewaschen und jeweils in Alufolie gewickelt
1 EL Butter
1 Prise gemahlener Kümmel
1 Prise Salz
2 Prisen brauner Zucker
30 g Walnusskerne, grob gehackt

Für den Granatapfelsirup
250 ml frisch gepresster Granatapfelsaft
2 EL kaltes Wasser
½ TL Speisestärke

Für die Pancakes
100 g Weizenkeimflocken (erhältlich im Reformhaus)
2 Msp. Backpulver
2 Prisen Zimt-Zucker-Mischung
ausgekratztes Mark von ½ Vanilleschote
1 Prise Salz
1 Prise schwarzer Pfeffer aus der Mühle
150 ml Kuhmilch oder pflanzenbasierte Milchalternative (z. B. ungesüßter Mandel-, Hafer- oder Cashewdrink)
2 Bio-Landeier (M)
1 EL Ghee oder Butterschmalz

Außerdem
Alufolie, Einweghandschuhe

Für die Roten Beten den Backofen auf 175 °C (Umluft) vorheizen. Die in Alufolie gewickelten Roten Beten auf den Rost im Backofen (Mitte) setzen und darin etwa 1½ Stunden garen (s. Tipp). Anschließend herausnehmen und kurz abkühlen lassen. Dann auswickeln, mit Einweghandschuhen schälen, d. h. die Haut abreiben, Wurzelenden abschneiden, die Knollen halbieren und in mundgerechte Spalten schneiden.

Für den Sirup den Granatapfelsaft in einen kleinen Topf geben, aufkochen und 14–15 Minuten einkochen lassen. Die Speisestärke mit 2 EL kaltem Wasser glatt rühren, in den kochenden Saft geben und alles 2–3 Minuten sämig einkochen lassen. Den Sirup vom Herd ziehen und lauwarm abkühlen lassen.

Inzwischen den Teig für die Pancakes zubereiten. Dazu alle trockenen Zutaten und Gewürze in einer Rührschüssel mischen, Milch und Eier dazugeben und alles mit einem Schneebesen zu einem glatten Teig verrühren. Kurz vor dem Servieren Ghee oder Butterschmalz in einer großen Pfanne erhitzen. Von dem Teig mit einem Esslöffel 6 kleine Portionen abnehmen, in das heiße Fett setzen und bei mittlerer Hitze 2 Minuten braten, wenden und weitere 2–3 Minuten goldbraun backen. Die Pancakes herausnehmen und auf Küchenpapier abfetten lassen.

Zum Glasieren der Roten Beten die Butter in einer Pfanne zerlassen und die Rote-Bete-Spalten dazugeben, mit Kümmel und Salz leicht würzen und Zucker und Walnüsse darüberstreuen. Alles durchschwenken und die Rote-Bete-Spalten 1–2 Minuten glasieren.

Zum Servieren die Pancakes mit den glasierten Roten Beten und der übrigen Walnussbutter anrichten, mit dem Granatapfelsirup beträufeln.

Tipp

Sie sollten am besten erst gegen Ende der Garzeit mit einem Messer oder einer Fleischgabel testen, ob die Roten Beten weich gegart sind. Je öfter man hineinsticht, desto mehr Flüssigkeit kann austreten, und die Roten Beten werden dann leicht trocken.

Amarant-Powerballs

Zutaten für 15 Stück

Für die Powerballs
- 2 EL gestiftelte Mandeln (20 g)
- 200 g getrocknete Soft-aprikosen, in grobe Stücke geschnitten
- 1 TL Kakaopulver (5 g)
- 1 EL braunes Mandelmus (20 g; erhältlich im Reformhaus)
- 1 Msp. Bio-Orangenabrieb
- 1 EL fein geriebene Zartbitter-Schokolade oder -Kuvertüre (10 g)

Zum Anrichten
- 2 EL gepoppter Amarant (5–8 g)

Außerdem
Stabmixer

Hier kommt das Richtige für alle, die morgens noch nicht so viel essen können, aber schon eine gute Portion Energie brauchen. In den Powerballs steckt auf kleinstem Raum ein Maximum an gesunden Vitalstoffen drin. Super auch zum »Nachladen« für unterwegs!

Für die Powerballs die Mandelstifte in einer Pfanne ohne Fett bei mittlerer Hitze 3–4 Minuten goldbraun rösten. Herausnehmen und vollständig abkühlen lassen.

Die Aprikosen mit Kakaopulver und Mandelmus in einen hohen Rührbecher geben und mit dem Stabmixer fein pürieren. Die Mischung mit Orangenabrieb, Schokolade und Mandelstiften zu einer homogenen Masse mischen. Je nach Konsistenz, das heißt, Trockenheit bzw. Saftigkeit der Aprikosen evtl. noch einen guten Schuss Wasser dazugeben. Die Masse sollte fest und gut formbar sein.

Aus der Masse mit einem Teelöffel 15 Nocken (à etwa 15 g) abnehmen und jede Nocke mit angefeuchteten Händen zu einer kleinen Kugel formen. Den gepoppten Amarant in einen tiefen Teller geben und die Kugeln darin rundum wälzen.

Die Powerballs nach Belieben z. B. in kleinen Pralinen-Papierformen anrichten. Sie sind ideal als Frühstückssnack, Gastgeschenk, Mitbringsel oder auch mal zum Nachmittagskaffee anstelle von Pralinen.

Tipp

Die Powerballs können Sie wunderbar auf Vorrat zubereitet und dann im Kühlschrank in einer verschließbaren Box aufbewahren. Sie halten sich so aufbewahrt ohne Probleme mind. 1–2 Wochen.

Haupt-
mahlzeiten

Walnuss-Dinkel-Knöpfle mit Belugalinsen

Für 2 Personen

Für die Belugalinsen
1 EL Olivenöl
1 Schalotte (60 g), geschält und in feine Würfel geschnitten
100 g Belugalinsen
1 TL Tomatenmark
2 EL Aceto balsamico
1 Lorbeerblatt
500 ml Wasser
40 g Weißes vom Lauch, gewaschen und in kleine Würfel geschnitten
40 g Karotten, geschält und in feine Würfel geschnitten
1 EL mittelscharfer Senf (20 g)
1 TL Butter (5 g)
3–4 Prisen Salz
schwarzer Pfeffer aus der Mühle

Für die Walnuss-Dinkel-Knöpfle
100 g Spätzlemehl
100 g Dinkelmehl (Type 630)
Salz
2 Prisen Muskatnuss, frisch gerieben
3 Bio-Landeier (L)
60 ml ungesüßter Cashewdrink (oder Wasser)
75 g Walnusskerne, 25 g fein gemahlen, Rest grob gehackt (s. Tipp)
2 EL Butter (40 g), zum Anbraten
schwarzer Pfeffer aus der Mühle

Außerdem
Küchenmaschine oder Handrührgerät mit Quirlen, Spätzlehobel

Für die Belugalinsen das Olivenöl in einem Topf erhitzen und die Schalotte darin bei mittlerer Hitze 2 Minuten glasig dünsten. Die Belugalinsen und das Tomatenmark dazugeben, alles durchrühren und mit 1 EL Essig ablöschen, einkochen lassen. Dann Lorbeerblatt und 500 ml Wasser dazugeben, alles aufkochen und abgedeckt bei schwacher Hitze 20 Minuten köcheln lassen. Dabei immer wieder umrühren. Anschließend die Gemüsewürfel dazugeben und alles noch 20 Minuten garen. Zum Servieren restlichen Essig, Senf und Butter dazugeben und die Linsen mit Salz und Pfeffer abschmecken.

Inzwischen den Spätzleteig zubereiten. Dazu die beiden Mehlsorten mit ½ TL Salz, Muskatnuss, Eiern und Cashewdrink in die Rührschüssel der Küchenmaschine geben. Alles langsam startend mischen und etwa 5 Minuten zu einem glatten, luftigen Teig aufschlagen. Zum Schluss 25 g gemahlene Walnüsse einrühren.

Reichlich Salzwasser in einem breiten Topf aufkochen. Jeweils einen guten Schöpfer Spätzleteig in den Spätzlehobel füllen und den Teig in das kochende Wasser hobeln. Die Spätzle aufkochen und mit einer Gabel durchwirbeln, damit sie nicht aneinanderkleben. Etwa 2 Minuten sprudelnd kochen. Dann die Knöpfle mit einem Schaumlöffel aus dem Wasser heben, in eine Schüssel mit kalten Wasser geben und abkühlen lassen. Danach in ein Sieb abgießen und abtropfen lassen. Restliche Spätzle wie beschrieben fertig stellen.

Zum Servieren die Butter in einer großen Pfanne erhitzen und die Spätzle darin 4–5 Minuten anbraten, mit Salz und Pfeffer abschmecken. Das Linsengemüse dazugeben, alles gut mischen und auf tiefe Teller oder Schalen verteilen, mit den gehackten Walnüssen bestreuen.

Tipp

Für ein intensiveres Aroma rösten Sie die Walnusskerne im Backofen bei 180 °C (Umluft) 6–8 Minuten. Dann herausnehmen, abkühlen lassen und den kleinen Anteil in der Küchenmaschine fein mahlen, den Rest mit einem Messer grob hacken.

Spaghetti mit Paprika-Haselnuss-Pesto

Für 2 Personen

Für Nudeln und Paprika-Haselnuss-Pesto

- 1 gelbe Paprikaschote (220 g), gewaschen, geviertelt und entkernt
- 1 rote Paprikaschote (220 g), gewaschen, geviertelt und entkernt
- 20 g Cashewkerne
- 20 g Haselnussblättchen
- 40 g Olivenöl
- 10 g Haselnussöl
- Salz
- schwarzer Pfeffer aus der Mühle
- 1–2 Prisen Chiliflocken
- 250 g Spaghetti

Zum Anrichten

- 40 g getrocknete Tomaten in Öl, in feine Streifen geschnitten
- 1 EL glatte Petersilie, gehackt (8 g)

Außerdem

- Stabmixer

Für das Pesto den Backofen auf Grillfunktion vorheizen. Die Paprikaschoten mit der Hautseite nach oben nebeneinander auf ein Backblech legen, in den Backofen (oben) schieben und darin 12–13 Minuten übergrillen. Die Haut wird dabei dunkel und wirft Blasen. Die Paprika aus dem Backofen nehmen, mit einem feuchten Küchenpapier abdecken und ca. 5 Minuten abkühlen lassen. Anschließend die Paprikastücke häuten, die gelbe Paprika in feine Streifen schneiden.

Inzwischen die Cashewkerne mit den Haselnüssen in einer Pfanne ohne Fett 3–4 Minuten goldbraun duftend rösten. Aus der Pfanne auf einen Teller geben und abkühlen lassen.

Die roten Paprikastücke mit dem gerösteten Nuss-Mix in einen hohen Rührbecher geben, Olivenöl und Haselnussöl dazugießen und alles mit dem Stabmixer fein pürieren. Das Pesto mit 2 Prisen Salz, Pfeffer und Chiliflocken abschmecken.

Die Nudeln in reichlich kochendem Salzwasser nach Packungsangabe bissfest garen. Anschließend in ein Sieb abgießen, dabei etwa 150 ml Nudelkochwasser auffangen. Die Nudeln zurück in den Topf geben, das cremige Paprikapesto, gelbe Paprikastreifen, Trockentomaten und das aufgefangene Nudelkochwasser hinzufügen. Alles gut durchrühren und bei mittlerer Hitze nochmals kurz erwärmen.

Zum Schluss die Petersilie einstreuen, die Pasta nochmals mit Salz, Pfeffer und Chili nachschmecken und auf vorgewärmten Tellern anrichten.

Buchweizen-Gnocchi mit Fenchelsalat und Arganöl

Für 2–3 Personen

Für den Fenchelsalat

1 Fenchelknolle mit Grün (350 g), gewaschen, geputzt, halbiert und Strunk entfernt, Fenchel fein gehobelt, Fenchelgrün grob gezupft
Salz
1 Prise Fenchelsamen
schwarzer Pfeffer aus der Mühle
1 Prise brauner Zucker
2 Msp. Bio-Orangenabrieb
3 EL Orangensaft
1 EL Olivenöl
1 TL Arganöl

Für die Buchweizen-Gnocchi

400 ml Milch
Salz
2 Lorbeerblätter
2 Prisen Muskatnuss, frisch gerieben
100 g Polentagrieß (Instant)
60 g Buchweizenmehl
40 g gekeimter Buchweizen (erhältlich im Reformhaus)
2 Bio-Landeigelb (L)
40 g kalte Butter, in kleine Würfel geschnitten
Buchweizenmehl für die Arbeitsfläche

Für die Salbeibutter

2 EL Butter
2 EL Olivenöl
6–8 Salbeiblätter, gewaschen und trocken getupft
schwarzer Pfeffer aus der Mühle

Außerdem

Gemüsehobel

Für den Fenchelsalat den gehobelten Fenchel in eine Schüssel geben, mit 2 Prisen Salz würzen und gut durchmischen. Mit Fenchelsamen, Pfeffer, Zucker, Orangenabrieb und -saft verfeinern. Olivenöl und Arganöl dazugeben und untermischen, den Salat beiseitestellen. Kurz vor dem Anrichten mit dem gezupften Fenchelgrün bestreuen, nochmals durchmischen und abschmecken.

Für die Buchweizen-Gnocchi die Milch mit 3–4 Prisen Salz, Lorbeerblättern und Muskatnuss in einen Topf geben und aufkochen. Polentagrieß, Buchweizenmehl und gekeimten Buchweizen in einer Schüssel trocken mischen und dann zur kochenden Milch geben. Erst alles mit einem Schneebesen verrühren und, sobald sich die Konsistenz verändert, mit einem Kochlöffel weiterrühren. Die Masse wie bei einem Brandteig 7–8 Minuten unter Rühren abbrennen – sie ist fertig, wenn sie sich leicht vom Topfboden löst.

Die Masse in eine Rührschüssel füllen, Lorbeerblätter entfernen. Eigelbe und Butter nach und nach mit dem Kochlöffel einarbeiten und alles etwas abkühlen lassen. Den Gnocchi-Teig auf der leicht bemehlten Arbeitsfläche nochmals durchkneten, halbieren und jede Hälfte zu einer länglichen Rolle formen. Die Rollen mithilfe einer Teigkarte in etwa 1 cm dicke Scheiben schneiden. Jede Scheibe mit bemehlten Händen zu einer Kugel formen und für das typische Gnocchi-Muster über einen bemehlten Gabelrücken rollen. Wem das zu aufwendig ist, schneidet die Rollen einfach in etwa 1,5 cm große Kissen.

Die Gnocchi in kochendes Salzwasser geben, einmal aufkochen und, sobald sie an die Oberfläche steigen, noch 2–3 Minuten darin ziehen lassen. Inzwischen Butter und Olivenöl in einer großen oder in zwei Pfannen erhitzen, die Salbeiblätter dazugeben und die Gnocchi darin 2 Minuten schwenken. Mit Pfeffer übermahlen, auf Tellern anrichten und mit dem Fenchelsalat servieren.

Trofie mit Avocadopesto, Pistazien und geschmolzenen Tomaten

Für 2 Personen

Für die geschmolzenen Tomaten
- 1 TL Olivenöl
- 200 g bunte Kirschtomaten, gewaschen
- 1 Prise Fleur de sel
- 2 Zweige Thymian, gewaschen und trocken getupft

Für das Avocadopesto
- 1 kleine reife Avocado (130 g), geschält, halbiert und entkernt
- 2 Stängel Basilikum, gewaschen, Blätter abgezupft (3 g)
- 20 g grüne Pistazienkerne
- 2 Scheiben Knoblauch
- 1 Spritzer Zitronensaft
- 2 Prisen Salz
- schwarzer Pfeffer aus der Mühle
- 50 ml Olivenöl

Zum Anrichten
- 250 g Trofie (ital. Nudeln, erhältlich in der Feinkostabteilung; oder Spiralnudeln)
- Salz
- 20 g Parmesan, gerieben
- schwarzer Pfeffer aus der Mühle
- einige Basilikumblätter und Parmesanspäne
- Olivenöl zum Beträufeln

Außerdem
- Stabmixer

Trofie ist eine gedrehte, spitz zulaufende Nudelsorte aus Ligurien. Sie macht sich optisch sehr gut auf dem Teller und geht hier eine Liaison mit einem extrem leckeren und gesunden Avocadopesto ein. Das Pesto ist besonders cremig und liefert hervorragende Fettsäuren.

Für die geschmolzenen Tomaten das Olivenöl in eine Pfanne geben und erhitzen. Die Tomaten dazugeben und mit Fleur de sel würzen. Die Thymianzweige einlegen und bei mittlerer Hitze 1 Minute anbraten. Dann alles abgedeckt noch 1 weitere Minute garen, dabei immer wieder die Pfanne schwenken. Die Pfanne vom Herd ziehen, die Tomaten auf einen Teller geben, etwas abkühlen lassen und die Haut abziehen.

Für das Pesto Avocado, Basilikum, Pistazien und Knoblauch in einen hohen Rührbecher geben, mit Zitronensaft, Salz und Pfeffer würzen. Das Olivenöl dazugeben und alles mit dem Stabmixer cremig pürieren.

Die Nudeln nach Packungsangabe in reichlich kochendem Salzwasser bissfest garen, in ein Sieb abgießen (etwa 50 ml Nudelwasser auffangen) und leicht abtropfen lassen. Dann die Nudeln wieder zurück in den Topf geben und mit dem Avocadopesto mischen. Geriebenen Parmesan und aufgefangenes Nudelwasser dazugeben, gut mit einem Kochlöffel durchrühren und nochmals mit Salz und Pfeffer nachschmecken.

Zum Servieren die geschmolzenen Tomaten vorsichtig unter die Pasta heben. Die Nudeln auf vorgewärmten Tellern anrichten, mit Basilikumblättern und Parmesanspänen bestreuen und mit Olivenöl beträufeln.

Gebratene Maisschnitten mit Salbeibutter und Parmesan

Für 2 Personen

Für die Maisschnitten
150 ml Kuhmilch oder pflanzenbasierte Milchalternative (z. B. ungesüßter Mandel-, Soja- oder Cashewdrink)
150 ml Wasser
2–3 Prisen Salz
1 Prise Muskatnuss, frisch gerieben
2 Lorbeerblätter
100 g Polentagrieß (Instant)
1 Bio-Landeigelb (M)

Zum Anrichten
1 EL Butter (20 g)
120 g Baby-Maiskolben, gewaschen und in 1 cm dicke Stücke geschnitten
Salz
schwarzer Pfeffer aus der Mühle
2 Stängel glatte Petersilie, gewaschen, Blätter abgezupft und grob gehackt
1 EL Butterschmalz oder Ghee zum Braten
6–8 kleine Salbeiblätter, gewaschen und trocken getupft
Parmesan, gerieben oder in Späne gehobelt
Muskatnuss, frisch gerieben

Außerdem
Tarteform (18 cm Ø), Backpapier

Für die Maisschnitten die Tarteform mit Backpapier auslegen. Die Milch mit 150 ml Wasser, Salz, Muskatnuss und Lorbeer in einem Topf aufkochen. Den Polentagrieß einstreuen, erst mit einem Schneebesen verrühren und bei schwacher Hitze langsam aufkochen. Sobald die Polenta ihre Konsistenz verändert, mit einem Holzkochlöffel weiterrühren. Die Polenta sollte 2–3 Minuten köcheln. Vorsicht, es könnte spritzen, deshalb bei schwacher Hitze köcheln lassen. Den Topf vom Herd ziehen und die Lorbeerblätter entfernen. Das Eigelb einrühren und die Masse nochmals mit den Gewürzen kräftig nachschmecken. Die Masse in die Tarteform gießen, glatt streichen und vollständig abkühlen lassen.

Währenddessen die Butter in einem kleinen Topf aufschäumen lassen und die Maiskolben darin 2 Minuten goldbraun anbraten, mit 1 Prise Salz und Pfeffer würzen und zuletzt die Petersilie einstreuen. Kurz vor dem Servieren nochmals erhitzen.

Die abgekühlte Maismasse aus der Form stürzen, in 8 gleich große Segmente schneiden. Das Butterschmalz oder Ghee in einer Pfanne erhitzen und die Maisschnitten darin bei mittlerer Hitze 5 Minuten goldbraun anbraten. Wenden, Salbei dazugeben und alles noch 3 Minuten braten.

Zum Servieren die Maisschnitten mit Buttermais und Salbei anrichten und mit dem Parmesan sowie mit einem Hauch Muskatnuss bestreuen.

Blumenkohlpizza mit Leinsamen, Spinat und Parmesan

Für 2 Personen

Für den glutenfreien Pizzaboden

250 g Blumenkohl, gewaschen, geputzt und in dünne Scheiben geschnitten
Salz
schwarzer Pfeffer aus der Mühle
20 g geschroteter Leinsamen
1 EL teilentöltes Mandelmehl (12 g, erhältlich im Reformhaus)
80 g Emmentaler, gerieben
1 Bio-Landei (L)

Für den Belag

1 EL Olivenöl
150 g junger Blattspinat, geputzt, gewaschen und in einem Sieb abgetropft
Salz
schwarzer Pfeffer aus der Mühle
1 Frühlingszwiebel (50 g), geputzt, gewaschen und in feine Ringe geschnitten
Muskatnuss, frisch gerieben
200 g bunte Tomaten, gewaschen, Stielansätze entfernt und in dünne Scheiben geschnitten

Zum Anrichten

30 g Parmesan, in Späne gehobelt
Olivenöl zum Beträufeln

Außerdem

Küchenmaschine zum Zerkleinern, Backpapier

Überraschung, denn der Boden dieser Pizza besteht vor allem aus Blumenkohl. Er ist damit garantiert Low Carb und glutenfrei und liefert auch noch eine Extraportion Gemüse. Dank Leinsamenschrot, Mandelmehl, Ei und etwas geriebenem Käse hält das Ganze gut zusammen.

Für den Pizzaboden den geschnittenen Blumenkohl nach und nach in der Küchenmaschine etwa in Reiskorngröße fein zerkleinern. Den Blumenkohl-Grieß in eine große Pfanne ohne Fett geben, mit 2 Prisen Salz würzen und bei mittlerer Hitze 12–14 Minuten weich garen. Dabei immer wieder umrühren, damit nichts anliegt. Dann aus der Pfanne in eine Schüssel geben, mit 2 Prisen Pfeffer würzen und etwas abkühlen lassen. Den Backofen auf 180° (Umluft) vorheizen. Ein Backblech mit Backpapier belegen.

Leinsamen, Mandelmehl, Emmentaler und Ei zum Blumenkohl-Mix geben, alles zu einer homogenen Masse verrühren und nochmals mit Salz und Pfeffer nachschmecken. Die Masse in 6 Portionen teilen und jede Portion mit angefeuchteten Händen zu einer Kugel formen. Jede Kugel in der Hand schon etwas flach drücken und nebeneinander auf das Backblech legen, nochmals flach drücken. Die Pizzaböden in den Backofen (Mitte) schieben und darin etwa 20 Minuten goldbraun backen.

Inzwischen für den Belag das Olivenöl in einer Pfanne erhitzen, Spinat dazugeben, mit je 1 Prise Salz und Pfeffer würzen und 1 Minute zusammenfallen lassen. Die Frühlingszwiebelringe dazugeben, alles kurz durchschwenken und mit einem Hauch Muskatnuss abschmecken.

Die Pizzaböden aus dem Backofen (nicht ausschalten!) nehmen, den Spinat-Mix gleichmäßig darauf verteilen und mit Tomatenscheiben belegen. Die Pizzen im Ofen noch 2 Minuten backen. Dann aus dem Backofen nehmen, mit gehobeltem Parmesan gleichmäßig bestreuen und mit einigen Tropfen Olivenöl beträufeln.

Tipp

Durch das Anbraten ohne Fett bekommt der geraspelte Blumenkohl tolle Röstaromen und schmeckt richtig schön nussig.

Top Ten Getreide und Hülsenfrüchte

Sie gehören zu den Grundnahrungsmitteln und versorgen uns Tag für Tag mit sättigenden Kohlenhydraten, aber auch bestem pflanzlichem Eiweiß sowie vielen Vitaminen und Mineralstoffen.

Bohnen

Bohnen haben es in sich! Im Detail: viel Pflanzeneiweiß, reichlich Ballaststoffe und dazu viele Mineralstoffe wie Kalzium, Magnesium und Zink. Die Bohnenpalette reicht von grünen Bohnen über Dicke Bohnen bis hin zu Kidneybohnen und Sojabohnen. Tipp: Um das blähende Gemüse bekömmlicher zu machen, das Einweich- und Kochwasser immer wegschütten und Fenchel-, Anis- oder Kümmelsamen zum Essen hinzugeben.

Amarant

Wenn wir über Amarant reden, bewegen wir uns im Bereich der Superlative. Denn das Pseudogetreide steckt in puncto Nährstoffe alle anderen Getreidesorten in die Tasche – vor allem bei Magnesium und Kalzium. Der Eiweißgehalt von 15 Prozent und mehr ist unübertroffen und spannend für Sportler. Am besten verwendet man die Minikörnchen übrigens gepufft.

Buchweizen

Buchweizen ist ein sogenanntes Pseudogetreide und gehört zu den Knöterichgewächsen. Das glutenfreie Powerfood in Dreiecksform wartet mit einer extrem breiten Palette an Vitaminen und Mineralstoffen auf: Von Kalium über Phosphor bis hin zu den B-Vitaminen und Vitamin E ist alles dabei. Zudem gilt das Buchweizeneiweiß als besonders hochwertig!

Dinkel

Gehört zu den Dinosauriern unter den Getreiden und wurde schon vor etwa 8000 Jahren in Europa angebaut. Dinkel schmeckt kräftig und nussig, also etwas intensiver als der enge Verwandte Weizen. Er punktet mit viel Eiweiß und einem hohen Ballaststoffgehalt. Übrigens gilt für alle Mehle: Je höher die Typenzahl, desto mehr Ballast- und Vitalstoffe sind drin.

Hafer

Eigentlich könnte man beim Hafer den Spieß mal umdrehen und aufführen, welche Vitalstoffe nicht enthalten sind. Denn Hafer ist die reinste Nährstoff-Bombe und ein perfekter Energielieferant. Ernährungswissenschaftler schwören auf Hafer, weil seine löslichen Ballaststoffe, die Beta-Glucane, den Blutzucker schön flach halten und so kein Heißhunger droht.

Hirse

Mit reichlich Vitaminen, Mineralstoffen und Spurenelementen gilt Hirse als die Vitalstoff-Bombe unter den Getreiden. Allen voran sei das Spurenelement Silizium erwähnt. Es stärkt das Bindegewebe, kräftigt Haare und Fingernägel. Ein echtes Beauty-Food! Hirse ist glutenfrei. Sie schmeckt leicht nussig als Beilage, lässt sich aber auch in Flockenform ins Müsli mischen.

Kichererbsen

Die beige-hellbraunen Kichererbsen enthalten wertvolles Pflanzeneiweiß und viele Ballaststoffe und machen deshalb richtig lange satt. Im Glas gibt es sie bereits vorgegart – super für die schnelle Küche! Und sie schmecken einfach genial lecker als Dip (s. S. 170), cremige Suppe (s. S. 163) oder geröstet als Topping für Salate (s. S. 154) .

Linsen

Die Kombination von viel Eiweiß und komplexen Kohlenhydraten, aber wenig Fett macht Linsen zu einem Top-Lebensmittel. Ob Beluga, Rote Linsen oder Berglinsen – Linsen sind ideal für alle, die eine gesunde pflanzliche Eiweißquelle suchen. Linsen punkten mit hoher Nährstoffdichte. Die enthaltenen B-Vitamine sorgen für starke Nerven – wer kann die nicht brauchen?

Mais

Obwohl Mais zu den Getreiden zählt, sind die kleinen gelben Körnchen bei Kindern als Gemüsebeilage hoch im Kurs. Kein Wunder, der süße Geschmack ist einfach lecker! Sein Plus: Mais enthält reichlich Ballast- und Mineralstoffe wie Eisen, Magnesium und Kalium. Als glutenfreie Beilage ist er ideal für alle, die auf Weizen verzichten wollen.

Weizen und Weizenkeime

Weizen ist nach Mais und Reis das im Hinblick auf die menschliche Ernährung am dritthäufigsten angebaute Getreide weltweit. An der Spitze des reifen Korns befindet sich der Weizenkeim: mini-klein, aber ein echtes Superfood, was Eiweiß, Mikronährstoffe und Fettsäuren betrifft. Weizenkeimflocken mische ich gern in Pancakes (s. S. 162).

Linsenchili mit Kakao und Sauerrahm

Für 2 Personen

Für das Linsenchili
3 EL Olivenöl
1 Zwiebel (100 g), geschält und in feine Würfel geschnitten
150 g Berglinsen
1 EL Tomatenmark
5–6 Prisen Salz
1 Dose stückige Tomaten (400 g)
650 ml Wasser
1 Dose Maiskörner (140 g), in einem Sieb abgetropft und mit kaltem Wasser abgebraust
1 Dose Kidneybohnen (240 g), in einem Sieb abgetropft und mit kaltem Wasser abgebraust
2 Prisen Chiliflocken
1 Prise brauner Zucker
1 TL Kakaopulver (5 g)
½ Knoblauchzehe, frisch gerieben
schwarzer Pfeffer aus der Mühle

Für den Sauerrahm
80 g saure Sahne
1 kleine Frühlingszwiebel (20 g), gewaschen, geputzt und in feine Ringe geschnitten
Saft von ¼ Bio-Zitrone
1 Prise Chiliflocken
2 Prisen Salz

Kakao im Chili? Oh ja, eine leichte Schoko-Note rundet den Geschmack von Herzhaftem wunderbar weich und einen Hauch süß ab. Zudem bringt der Kakao wertvolle Flavonoide mit – das sind sekundäre Pflanzenstoffe, die positiv auf Gehirn, Herz und Blutgefäße wirken.

Für das Linsenchili 1 EL Olivenöl in einem Topf erhitzen und die Zwiebel darin bei mittlerer Hitze 2 Minuten glasig dünsten. Berglinsen und Tomatenmark dazugeben, alles durchrühren und mit 2 Prisen Salz würzen. Stückige Tomaten und 650 ml Wasser dazugeben, alles aufkochen und abgedeckt bei schwacher Hitze 30 Minuten köcheln lassen. Dabei immer wieder umrühren. Je nach Linsensorte kann die Garzeit kürzer oder länger sein, deshalb immer wieder mal probieren.

Sobald die Linsen weich sind, Maiskörner und Kidneybohnen dazugeben und alles durchrühren. Erst jetzt mit Chiliflocken, Zucker, Kakaopulver, Knoblauch, übrigem Salz und 2 Prisen Pfeffer würzen und alles bei schwacher Hitze noch 3–4 Minuten köcheln lassen. Kurz vor dem Anrichten das restliche Olivenöl einrühren.

Inzwischen den Sauerrahm in eine kleine Schüssel füllen und Frühlingszwiebel und Zitronensaft dazugeben. Alles durchrühren und mit Chiliflocken und Salz würzig abschmecken.

Zum Servieren das Linsenchili in tiefen Tellern oder Schalen anrichten und jeweils mit einem Klecks Sauerrahm beträufeln. Wer möchte, kann frisches Weißbrot oder Fladenbrot dazu servieren.

Tipp

Das Kakaopulver verleiht diesem vegetarischen Linsenchili seinen typisch herben Geschmack.

Rinderhüftsteak mit gebackenem Knoblauch und Spitzkohl

Für 2 Personen

Für das Rinderhüftsteak

1 Knoblauchknolle, getrocknet (100 g), in einzelne Zehen geteilt
2 TL Olivenöl
2 Rinderhüftsteaks (à 200 g)
Salz
1–2 Zweige Rosmarin
1 Msp. Bio-Zitronenabrieb
1 EL Butter (20 g)
schwarzer Pfeffer aus der Mühle

Für den Spitzkohl

½ Kopf Spitzkohl (550 g), geputzt, Strunk entfernt, Blätter in feine Streifen geschnitten
Salz
50 g Cashewkerne
1 großer Bund glatte Petersilie, gewaschen, abgezupft (40 g) und grob gehackt
4 EL Weißweinessig
2 Prisen brauner Zucker
1 EL Olivenöl
schwarzer Pfeffer aus der Mühle

Außerdem

ofenfeste Form, Alufolie, Stabmixer

Den Backofen auf 180 °C (Umluft) vorheizen. Die ungeschälten Knoblauchzehen in eine ofenfeste Form legen, mit 1 TL Olivenöl beträufeln und mit Alufolie abdecken. Den Knoblauch in den Backofen (Mitte) schieben und darin etwa 50 Minuten backen. Dabei nach 30 Minuten durchmischen, damit die Knoblauchzehen nicht am Boden anliegen. Je nach Knoblauchgröße kann die Garzeit kürzer oder länger sein. Die Zehen sind perfekt, wenn sie schön weich sind. Die Knoblauchzehen aus dem Backofen nehmen, die Alufolie entfernen, den Knoblauch etwas abkühlen lassen und aus der Schale lösen.

Inzwischen den Spitzkohl in eine Schüssel geben, mit 3–4 guten Prisen Salz würzen und kräftig mit den Händen durchmischen bzw. -kneten. Den Kohl 15 Minuten ziehen lassen. Die Cashewkerne in einer Pfanne ohne Fett 3–4 Minuten goldbraun braten, dann aus der Pfanne auf einen Teller geben und abkühlen lassen.

Die Petersilie in einen hohen Rührbecher geben, Essig, Zucker, Cashewkerne und Olivenöl dazugeben und alles mit dem Stabmixer fein pürieren. Die grüne Paste zum marinierten Kohl geben, alles gut mischen und nochmals mit Salz und Pfeffer nachschmecken.

Zum Braten der Steaks das übrige Olivenöl in einer Pfanne erhitzen. Die Rindersteaks von beiden Seiten mit 3–4 Prisen Salz würzen, in die Pfanne legen und 2 Minuten darin anbraten. Die Steaks wenden, Knoblauchzehen und Rosmarinzweige dazugeben und alles bei mittlerer Hitze noch 2 Minuten braten. Zitronenabrieb und Butter in die Pfanne geben und 1 Minute darin aufschäumen lassen. Den Herd ausschalten und die Steaks in der Restwärme der Pfanne noch 1–2 Minuten ziehen lassen. Dabei immer wieder in der Knoblauch-Zitronen-Butter wenden. Zuletzt mit 2–3 Prisen Pfeffer würzen. Die Steaks mit den Aromen und dem Spitzkohl anrichten.

Auberginenkaviar mit Pistazien, Thymian und gebratener Hähnchenbrust

Für 2 Personen

Für den Auberginenkaviar
1 Aubergine, gewaschen, halbiert, helles Fruchtfleisch rautenförmig eingeritzt
Salz
1 Schalotte (50 g), geschält und in feine Würfel geschnitten
2 Scheiben Knoblauch, fein gehackt
2 Zweige Thymian, gewaschen, Blättchen abgezupft und fein gehackt
2 EL Olivenöl
3 Kardamomkapseln
1–2 Prisen Chiliflocken
schwarzer Pfeffer aus der Mühle
2 EL grüne Pistazienkerne, grob gehackt

Für die Hähnchenbrust
2 Hähnchenbrustfilets (mit Haut; à 200 g)
Salz
1 EL Olivenöl

Außerdem
Alufolie, Teigkarte

Für den Auberginenkaviar den Backofen auf 160 °C (Umluft) vorheizen. Die Auberginenhälften mit je 2 Prisen Salz würzen und mit den Fingern kräftig einreiben. Dann auf ein großes Stück Alufolie legen, diese zusammenklappen und gut verschließen. Das Päckchen auf den Rost im Backofen (Mitte) setzen und darin etwa 1 Stunde weich garen.

Etwa 15 Minuten vor Ende der Garzeit der Aubergine Schalotte, Knoblauch, Thymian, Olivenöl und Kardamom in einen Topf geben, erhitzen und bei mittlerer Hitze 2–3 Minuten glasig dünsten. Mit 2 Prisen Salz, Chiliflocken und etwas Pfeffer würzen, vom Herd ziehen.

Währenddessen die Hähnchenbrustfilets rundum mit 2–3 Prisen Salz würzen, dabei das Salz gut einmassieren. Die Hähnchenbrüste mit der Hautseite nach unten in eine kalte Pfanne legen. Das Olivenöl dazugeben, die Hähnchenbrüste erhitzen und bei mittlerer Hitze etwa 6 Minuten goldbraun braten. Dann wenden und auf der anderen Seite 8 Minuten braten. Nochmals wenden und auf der Hautseite weitere 2–3 Minuten fertig braten.

Die weich gegarten Auberginen aus dem Backofen nehmen und aus der Folie wickeln. Das helle Fruchtfleisch mit einem Löffel herauskratzen, auf ein Arbeitsbrett geben und mit der Teigkarte fein hacken. Das Auberginenmus zu den Schalotten geben und durchrühren, die Kardamomkapseln entfernen. Zuletzt die Pistazien einstreuen, alles durchrühren und nochmals mit Salz und Pfeffer abschmecken.

Zum Servieren die Hähnchenbrüste mit dem Auberginenkaviar auf Tellern anrichten. Nach Belieben Fladenbrot dazu reichen.

Lackierte Entenbrust mit Sanddorn, Safranhonig und Kürbis

Für 2–3 Personen

Für die Entenbrust
2 Entenbrustfilets (weiblich; à 250 g), von evtl. Sehnen befreit, Fettschicht mit einem Messer rautenförmig eingeritzt
Salz
1 EL Olivenöl
100 ml Sanddorndirektsaft (erhältlich im Reformhaus)
40 g flüssiger Honig
6–8 Safranfäden, in 1 EL lauwarmem Wasser eingeweicht
1 Msp. geriebener Ingwer
schwarzer Pfeffer aus der Mühle

Für den Kürbis
1 TL Rapsöl
1 kleine Zwiebel (70 g), geschält und in feine Würfel geschnitten
1 kleiner Butternut-Kürbis (800 g), Schale großzügig entfernt, Kürbis entkernt und in 2 cm große Stücke geschnitten
Salz
1 Msp. gemahlene Bio-Kurkuma
½ TL Currypulver
½ Chilischote, fein geschnitten (für weniger Schärfe nur ¼ Chilischote mitgaren)
2 Lorbeerblätter
250 ml Gemüsebrühe oder Wasser
2 EL Olivenöl
8–10 Paranüsse, in einer Pfanne ohne Fett 2–3 Minuten geröstet, abgekühlt und gehackt

Außerdem
Stabmixer, Flambierbrenner

Für die Entenbrust den Backofen auf 100 °C (Umluft) vorheizen. Die Entenbrüste rundum mit je 2–3 Prisen Salz würzen, dabei das Salz gut einmassieren. Das Olivenöl in eine kalte Pfanne geben, die Entenbrüste dazulegen, erhitzen und bei mittlerer Hitze 5–6 Minuten anbraten. Die Entenbrüste wenden, 2 Minuten weiterbraten und dann auf den Rost im Backofen (Mitte) setzen, Backblech als Tropfschutz unterschieben und darin 20 Minuten rosa garen.

Inzwischen den Sanddorndirektsaft in einem Topf aufkochen und bei mittlerer Hitze 4–5 Minuten einkochen lassen. Den Honig mit Safran samt Einweichwasser und Ingwer dazugeben und alles noch 2–3 Minuten dickflüssig einkochen lassen. Danach vom Herd ziehen.

Für den Kürbis das Rapsöl in einem Topf erhitzen und die Zwiebel darin bei mittlerer Hitze 2 Minuten glasig dünsten. Die Kürbisstücke hinzufügen, mit 4–5 Prisen Salz, Kurkuma, Curry und Chili würzen, die Lorbeerblätter einlegen. Mit Brühe oder Wasser ablöschen und alles aufkochen. Den Kürbis abgedeckt bei schwacher Hitze 18–20 Minuten köcheln lassen. Sobald er schön weich ist, etwa 100 g Kürbisragout in einen hohen Rührbecher geben, das Olivenöl dazugießen und alles mit dem Stabmixer fein pürieren. Die Kürbispaste zurück in den Topf geben und das Kürbisgemüse so auf natürliche Weise binden.

Die rosa gebratenen Entenbrüste aus dem Backofen nehmen und mit der Hautseite nach unten in eine heiße Pfanne legen. Mit dem Sanddornlack begießen und darin bei mittlerer Hitze 1 Minute braten. Die Entenbrüste wenden und die Pfanne vom Herd ziehen, die Fettschicht der Entenbrüste mit dem Flambierbrenner goldbraun rösten.

Zum Servieren die Entenbrüste mit Pfeffer würzen, mit dem Kürbisgemüse auf Tellern anrichten und mit den Paranüssen bestreuen. Nach Belieben ein Dinkelbaguette dazu reichen.

Dinkelsotto mit Brennnessel und gezupftem Huhn

Für 2 Personen

Für den Dinkelsotto
150 g Dinkelkörner
150 ml lauwarmes Wasser
1 TL Olivenöl
½ Zwiebel (60 g), geschält, in feine Würfel geschnitten
1 rote Paprikaschote (200 g), gewaschen, in feine Würfel geschnitten
50 g Parmesan, gerieben
1 EL Butter (20 g)
½ TL getrocknete Brennnesselsamen
2–3 Handvoll frische Brennnesselblätter (20 g), gewaschen und grob geschnitten

Für die Hühnerbrühe
2 Hühnerkeulen mit Haut (à 400 g)
Salz
1 Zwiebel (80 g)
80 g Karotte, geschält, in grobe Würfel geschnitten
80 g Knollensellerie, geschält, in grobe Würfel geschnitten
1 Knoblauchzehe, in der Schale angedrückt
3 Lorbeerblätter
je ½ TL Wacholderbeeren, schwarze Pfefferkörner, Pimentkörner
50 g Lauch, grob zerkleinert
3 Zweige glatte Petersilie
1–2 Zweige Liebstöckel

Für die Aromabutter
2 Msp. Paprikapulver, edelsüß
3–4 Safranfäden
1 Msp. Kümmel, gemahlen
2 Prisen Chiliflocken
½ Knoblauchzehe, geschält und fein gehackt
2 Prisen Fenchelsamen
2 Prisen Salz
1 EL Butter oder Ghee (20 g)

Den Dinkel in eine Schüssel geben, mit dem Wasser begießen und quellen lassen. Währenddessen die Hühnerbrühe zubereiten.

Die Hühnerkeulen mit 1 TL Salz in einen Topf mit 2,5 l Wasser geben, aufkochen lassen, auftretenden Schaum abschöpfen und 10 Minuten kochen lassen. Zwiebel mit Schale vierteln. Zwiebel, Karotten, Sellerie, Knoblauch, Lorbeer und Gewürze dazugeben und für 30 Minuten köcheln lassen. Danach Lauch und Petersilie waschen, den Lauch grob zerkleinern. Gemeinsam mit dem Liebstöckel zur Brühe geben und weitere 20 Minuten ziehen lassen. Anschließend die Hühnerkeulen aus der Brühe heben, auf einen Teller geben, etwas auskühlen lassen, Haut entfernen, das Fleisch vom Knochen lösen und in mundgerechte Stücke zupfen. Die Brühe durch ein feines Sieb passieren.

Für den Dinkelsotto das Olivenöl in einem Topf erhitzen, Zwiebeln dazugeben, 2 Minuten darin glasig dünsten. Dinkelkörner abgießen, zu den Zwiebeln geben, durchrühren, mit 2 Prisen Salz würzen. Nun nach und nach ca. 750 ml Hühnerbrühe angießen, so dass die Dinkelkörner immer mit Flüssigkeit gut bedeckt sind, Topf abdecken und ca. 50 Minuten bei kleiner Hitze köcheln lassen. Die Paprikawürfel dazugeben und für weitere 10 Minuten weich garen. Ganz zum Schluss die Brennnesselsamen, frische Brennnessel, Butter und Parmesan einrühren und mit Salz und Pfeffer abschmecken.

Die Gewürze und Aromen für die Aromabutter mit 50 ml Hühnerbrühe in einer Schüssel verrühren.

Das Olivenöl in einer Pfanne erhitzen, gezupftes Hühnerfleisch einlegen, salzen und 2–3 Minuten darin anbraten. Die Butter und die eingeweichten Gewürze dazugeben, kurz durchschwenken, mit dem Dinkelsotto anrichten und genießen.

Tipp

Die Restliche Hühnerbrühe können Sie auskühlen lassen, einfrieren und zu einer anderen Gelegenheit verwenden. Die etwas weniger bekannten Getrockneten Brennnesselsamen bekommen Sie im Reformhaus. Und die frischen Brennnesselblätter zupfen Sie am besten mit Handschuhen, damit Ihre Hände unversehrt bleiben.

Fleischpflanzerl mit Kürbiskernen und Kürbisstampf

Gutes Rezept!
2024

Für 2 Personen

Für die Fleischpflanzerl
- 3 EL Olivenöl
- ½ Zwiebel (60 g), geschält und in feine Würfel geschnitten
- 1 kleine Knoblauchzehe, geschält und fein gehackt
- 4–5 Stängel glatte Petersilie, gewaschen, Stängel fein gehackt, Blätter grob geschnitten
- 2 Prisen Majoran, frisch oder getrocknet
- 3 Prisen getrocknete Brennnesselsamen (erhältlich im Reformhaus)
- 2 EL Kürbiskerne (20 g), gehackt
- 50 ml Milch
- 1 Scheibe Toastbrot, in kleine Würfel geschnitten
- 400 g gemischtes Hackfleisch
- 1 Bio-Landei (M)
- 1 EL mittelscharfer Senf
- Salz
- schwarzer Pfeffer aus der Mühle

Für den Kürbisstampf
- 1 TL Butterschmalz (5 g)
- 1 Stück Butternut-Kürbis (500 g), Schale großzügig entfernt, Kürbis entkernt und in 1,5 cm große Würfel geschnitten
- Salz
- 150 ml Wasser
- ½ TL flüssiger Honig
- 1 Msp. Cayennepfeffer
- 1 Msp. Currypulver
- Abrieb von ¼ Bio-Orange
- 1 TL Butter

Zum Anrichten
- 1 EL Kürbiskernöl

Außerdem
- Kartoffelstampfer

Für die Fleischpflanzerl 1 EL Olivenöl in einem kleinen Topf erhitzen und die Zwiebelwürfel darin bei schwacher Hitze 2–3 Minuten mit leichter Farbe dünsten. Knoblauch, Petersilie, Majoran, Brennnesselsamen und Kürbiskerne dazugeben und alles kurz weiterbraten. Die Milch angießen, das Toastbrot einstreuen und alles gut durchrühren. Den Topf vom Herd ziehen und etwas abkühlen lassen.

Das Hackfleisch in eine Schüssel geben, Toastbrot-Mix, Ei und Senf dazugeben, alles mit 2–3 Prisen Salz und Pfeffer würzen und zu einer homogenen Masse verkneten. Aus der Masse mit angefeuchteten Händen acht gleichmäßig große Kugeln formen und etwas flach drücken. Das restliche Olivenöl in einer Pfanne erhitzen, die Fleischpflanzerl einlegen und bei mittlerer Hitze 6–8 Minuten goldbraun anbraten. Wenden und bei schwacher Hitze weitere 5 Minuten braten.

Für den Kürbisstampf das Butterschmalz in einem breiten Topf erhitzen, die Kürbiswürfel einstreuen, mit 2 guten Prisen Salz würzen und bei mittlerer Hitze 4 Minuten anbraten. Dabei immer wieder umrühren. 150 ml Wasser dazugießen und den Kürbis abgedeckt weitere 10–12 Minuten weich schmoren. Dann mit Honig, Cayennepfeffer, Currypulver und Orangenabrieb würzen, die Butter dazugeben und alles mit dem Kartoffelstampfer grob zerdrücken.

Zum Servieren den Kürbisstampf mit den Fleischpflanzerln anrichten und mit dem Kürbiskernöl beträufeln.

Brokkoli-Cashew-Curry mit Kokosmilch

Für 2 Personen

3 EL Rapsöl
1 Brokkoli (500 g), geputzt, grober Stiel abgeschnitten, großzügig geschält und in Scheiben geschnitten, Röschen in 1 cm dicke Scheiben geschnitten
Salz
1 rote Zwiebel (140 g), geschält, halbiert und in feine Streifen geschnitten
1 säuerlicher Apfel (z. B. Braeburn; 160 g), geviertelt, geschält, entkernt und in Schnitze geschnitten
2–3 TL Currypulver
400 ml Kokosmilch (Dose)
250 ml Wasser
60 g Cashewkerne
1 Frühlingszwiebel (30 g), gewaschen, geputzt und schräg in feine Streifen geschnitten
2 Prisen Chiliflocken

Für den Brokkoli 2 EL Rapsöl in einer Pfanne erhitzen, den Brokkoli einlegen, sofort mit 2 Prisen Salz würzen und bei mittlerer Hitze etwa 5 Minuten anbraten. Dabei immer wieder wenden, anschließend die Pfanne vom Herd ziehen.

Für die Currysauce das übrige (1 EL) Rapsöl in einem Topf erhitzen und die Zwiebelstreifen darin bei mittlerer Hitze 3 Minuten anbraten. Dabei immer wieder umrühren. Anschließend die Apfelschnitze dazugeben und weitere 2 Minuten anbraten. Mit 2 gehäuften TL Curry bestäuben, durchrühren und mit der Kokosmilch ablöschen. 250 ml Wasser dazugießen, alles aufkochen und abgedeckt etwa 5 Minuten sämig einkochen lassen.

Inzwischen die Cashewkerne in einer Pfanne ohne Fett bei mittlerer Hitze 2–3 Minuten goldbraun duftend anbraten. Aus der Pfanne auf ein Arbeitsbrett geben und etwas abkühlen lassen, dann mit einem breiten Messer grob hacken.

Den Brokkoli in die Currysauce geben und darin abgedeckt bei schwacher Hitze weitere 10 Minuten bissfest ziehen lassen. Kurz vor dem Servieren Frühlingszwiebel und Chiliflocken darüberstreuen und durchrühren, alles nochmals mit Curry und Salz nachschmecken.

Zum Servieren das Brokkolicurry mit den Cashewnüssen bestreuen und pur oder mit gekochtem Basmatireis anrichten.

Geschmorte Fenchelknolle mit Schalotten und Radicchio

Für 2 Personen

Für den Fenchel
250 ml Wasser
Salz
brauner Zucker
2 EL Olivenöl
4 Schalotten (160 g), geschält, halbiert und in 1 cm breite Segmente geschnitten
1 große Fenchelknolle (500 g), gewaschen, geputzt und längs halbiert

Für den Fenchelkaramell
1 TL Puderzucker
1 EL Fenchelsamen

Für den Radicchio
4 EL Weißweinessig
2 EL Olivenöl
schwarzer Pfeffer aus der Mühle
200 g Radicchio oder Radicchio di Treviso, gewaschen, halbiert und längs in 1–2 cm dicke Segmente geschnitten

Außerdem
ofenfester Topf oder Bräter, Backpapier, Mörser

Für den Fenchel den Backofen auf 160 °C (Umluft) vorheizen. 250 ml Wasser in einem kleinen Topf mit 1 TL Salz und ½ TL Zucker aufkochen. Das Olivenöl in einem ofenfesten Topf oder Bräter erhitzen und die Schalotten darin bei schwacher bis mittlerer Hitze 5 Minuten ohne Farbe dünsten. Dabei immer wieder umrühren.

Die Schalotten an den Rand des Topfes schieben, die Fenchelhälften mit der Schnittfläche nach unten einlegen und 3 Minuten goldbraun anbraten. Dann wenden, die Schnittfläche zeigt jetzt nach oben. Das vorbereitete Würzwasser langsam über die Fenchelhälften gießen, damit der Fenchel auch innen davon benetzt wird und so schon einen Grundgeschmack bekommt. Den Topf oder Bräter abdecken, den Fenchel in den Backofen (Mitte) schieben und darin 15 Minuten garen. Die Fenchelhälften wenden und abgedeckt im Backofen 30 Minuten weich garen.

Inzwischen für den Fenchelkaramell den Puderzucker in eine Pfanne ohne Fett sieben, den Fenchelsamen darüberstreuen und bei schwacher Hitze langsam 1–2 Minuten goldbraun karamellisieren. Die duftenden Fenchelsamen aus der Pfanne auf ein Stück Backpapier geben und abkühlen lassen. Anschließend in einen Mörser geben und grob zerkleinern.

Für die Vinaigrette den fertigen Fenchel aus dem Backofen nehmen und abkühlen lassen. 100 ml Schmorsud aus dem Topf in eine Schüssel geben und Essig und Olivenöl unterrühren. Die Vinaigrette mit Pfeffer würzen und nochmals mit Salz und Zucker nachschmecken.

Zum Servieren den rohen oder gebratenen Radicchiosalat (s. Tipp) mit dem geschmorten Fenchel und den Schalotten auf Tellern anrichten, mit der Vinaigrette beträufeln und mit dem Fenchelkaramell bestreuen.

Tipp

Radicchio oder Radicchio rosso di Treviso eignet sich übrigens auch perfekt zum Braten. Dazu einfach die Segmente in einer Pfanne in 1 EL Olivenöl ½ Minute anbraten und mit 1–2 Prisen Salz würzen. Dann wenden, den Radicchio vom Herd ziehen und noch ½ Minute in der Restwärme nachziehen lassen.

Ofentomaten mit Majoranzwiebeln und knusprigem Speck

Für 2 Personen

Für die Ofentomaten
500 g bunte Tomaten (gern verschiedene Sorten), gewaschen, Stielansätze entfernt, Haut kreuzförmig eingeritzt
1 kleine Knoblauchzehe, geschält und in Scheiben geschnitten
2–3 Zweige Thymian, gewaschen
1 Zweig Rosmarin, gewaschen
2 Prisen Fleur de sel
schwarzer Pfeffer aus der Mühle
2 EL Olivenöl

Für die Majoranzwiebeln
einige Tropfen Rapsöl
100 g Frühstücksspeck (Bacon), in dünne Scheiben geschnitten
150 g Zwiebeln, geschält, halbiert und in feine Streifen geschnitten
2–3 Stängel Majoran, Blättchen abgezupft, oder 2 Prisen getrockneter Majoran
2 EL Aceto balsamico
Salz
schwarzer Pfeffer aus der Mühle

Zum Anrichten
Weißbrot oder Baguette

Außerdem
ofenfeste Form oder ofenfester tiefer Teller

Für die Ofentomaten den Backofen auf 120 °C (Ober- und Unterhitze) vorheizen. Die Tomaten in kochendes Wasser geben und so lange darin lassen, bis sich die Haut gut lösen lässt – das dauert je nach Sorte und Reife etwa 30 Sekunden. Anschließend aus dem Wasser heben und mit eiskaltem Wasser abschrecken. Die Haut abziehen und die Tomaten in mundgerechte Stücke oder Scheiben schneiden.

Die Tomaten in eine ofenfeste Form oder auf einen tiefen ofenfesten Teller setzen, mit Knoblauch, Thymian und Rosmarin belegen, salzen und leicht pfeffern und mit Olivenöl beträufeln. Die Tomaten in den Backofen (Mitte) schieben und darin 15 Minuten warm halten.

Inzwischen für die Majoranzwiebeln etwas Rapsöl in eine kalte Pfanne geben und die Speckscheiben nebeneinander einlegen (in 2 Portionen braten). Die Pfanne bei mittlerer Temperatur erhitzen und den Bacon langsam 3–4 Minuten rundum goldbraun und knusprig braten. Aus der Pfanne heben und auf Küchenpapier abfetten lassen. Restlichen Speck ebenfalls knusprig braten.

Anschließend die Zwiebeln ins verbliebene Bratfett geben und darin bei schwacher bis mittlerer Hitze 3 Minuten goldbraun anbraten. Die Majoranblättchen hinzufügen, alles mit Aceto balsamico ablöschen und leicht mit Salz und Pfeffer würzen, dann vom Herd ziehen.

Zum Servieren die Tomaten aus dem Backofen nehmen und mit den Zwiebeln und den knusprigen Speckscheiben auf Tellern anrichten. Dazu frisches Weißbrot oder Baguette reichen.

Herzhafter Bratapfel mit Champignons und Kürbiskernen

Für 2 Personen

Für den Bratapfel

1 TL Butter für die Form
1 TL Olivenöl
40 g Speck, in feine Würfel geschnitten
½ Schalotte (20 g), geschält und in feine Würfel geschnitten
100 g braune Champignons, geputzt und in feine Würfel geschnitten
1 Scheibe Toastbrot oder Weißbrot (20 g), in kleine Würfel geschnitten
1 TL Kürbiskerne (5 g), grob gehackt
1 Msp. getrockneter Grüntee (1 g) (alternativ Jiaogulan-Tee)
150 ml heißes Wasser
1 TL Weißweinessig
Salz
schwarzer Pfeffer aus der Mühle
ganzer Kümmel, Fenchel-, Anis- und Koriandersamen, gemörsert
2 große süß-säuerliche Äpfel (z. B. Braeburn; à 250 g), gewaschen, Deckel abgeschnitten, Kerngehäuse großzügig entfernt, bzw. ausgehöhlt

Außerdem

ofenfeste Form

Den Backofen auf 170 °C (Umluft) vorheizen. Die Form mit Butter fetten.

Für die Füllung der Bratäpfel das Olivenöl mit dem Speck in eine Pfanne geben, erhitzen und bei mittlerer Hitze 1–2 Minuten anbraten. Die Schalottenwürfel einstreuen und 1 Minute weiterbraten. Anschließend die Champignonwürfel dazugeben und weitere 6–7 Minuten anbraten. Brotwürfel und Kürbiskerne hinzufügen, alles bei schwacher Hitze 4–5 Minuten weiter braten und dann vom Herd ziehen.

Parallel dazu den Grüntee in eine kleine Schüssel geben, mit 150 ml kochend heißem Wasser übergießen und 5 Minuten ziehen lassen. Den Tee durch ein feines Sieb passieren und mit Essig verfeinern. Die Pilzfüllung mit 2 EL Grüntee verrühren und mit 1–2 Prisen Salz und Pfeffer sowie 2 Prisen der gemörsterten Gewürze abschmecken.

Die ausgehöhlten Äpfel in die Form setzen. Die Füllung gleichmäßig in den Äpfeln verteilen und gut festdrücken, die abgeschnittenen Deckel daraufsetzen. Den restlichen Tee angießen. Die Äpfel in den Backofen (Mitte) schieben und darin 40–45 Minuten garen. Sie sollten beim Hineinstechen schön weich sein. Die fertigen Bratäpfel aus dem Backofen nehmen und z. B. mit gestampften Kartoffeln servieren.

Gebratener Blumenkohl und Romanesco mit Rosmarinbutter

Für 2 Personen

Für die Mandelcreme
30 g Mandelblättchen
100 ml Milch
2 Scheiben Toastbrot
2 sehr (!) frische Bio-Landeigelb (M)
50 ml Olivenöl
1 Msp. Bio-Orangenabrieb
Salz
schwarzer Pfeffer aus der Mühle

Für Blumenkohl und Romanesco
Salz
700 g Baby-Blumenkohl (gerne bunt) und Baby-Romanesco, gewaschen, geputzt und in Röschen geteilt
30 g Butter
1 TL Rosmarinnadeln, fein gehackt
schwarzer Pfeffer aus der Mühle

Für die Bohnen
1 EL Olivenöl
½ Schalotte (30 g), geschält und in feine Scheiben geschnitten
1 kleine Dose weiße Bohnen (Abtropfgewicht 240 g), in einem Sieb abgetropft und mit kaltem Wasser abgebraust
Salz
schwarzer Pfeffer aus der Mühle
2 Stängel glatte Petersilie, gewaschen, Blätter abgezupft und grob gehackt

Außerdem
Stabmixer

Für die Mandelcreme die Mandeln in einem Topf ohne Fett bei mittlerer Hitze hell anrösten. Die Milch dazugießen und einmal aufkochen. Das Toastbrot grob zerkleinern, mit der Mandelmilch in einen hohen Rührbecher geben und alles mit dem Stabmixer fein pürieren. Die Eigelbe zur noch warmen Masse geben und langsam untermixen. Dann das Olivenöl nach und nach in dünnem Strahl dazugießen und einarbeiten, sodass eine sämige Masse entsteht. Die Creme mit dem Orangenabrieb verfeinern und mit 2 Prisen Salz und etwas Pfeffer würzen.

Für Blumenkohl und Romanesco einen Topf mit reichlich Salzwasser aufkochen und das geputzte Gemüse darin 5 Minuten bissfest garen. Inzwischen die Butter in einer Pfanne aufschäumen lassen, den Rosmarin dazugeben und mit 2–3 Prisen Salz und etwas Pfeffer würzen. Die Kohlröschen in ein Sieb abgießen (s. Tipp), sofort zur Rosmarinbutter geben und darin bei mittlerer Hitze noch 2–3 Minuten rösten.

Parallel dazu für die Bohnen das Olivenöl in einer Pfanne erhitzen und die Schalotte darin 2 Minuten glasig dünsten. Die Bohnen dazugeben, mit 2 Prisen Salz und etwas Pfeffer würzen, durchschwenken und 2 Minuten anbraten. Zum Schluss die Petersilie dazugeben, alles vom Herd ziehen.

Zum Servieren die gebratenen Kohlröschen mit der Mandelcreme und den Bohnen auf Tellern anrichten.

Tipp

Wenn Sie Blumenkohl und Romanesco im Voraus oder auf Vorrat garen, geht das ganz einfach: Den Kohl wie beschrieben zubereiten und dann im Sieb eiskalt abschrecken – so wird der Garprozess gestoppt. Danach abgedeckt und kühl aufbewahren.

Kürbiskernkartoffeln mit Schmorzitronensauce

Für 2 Personen

Für die Schmorzitronensauce
200 g ungereinigtes Meersalz
2 Bio-Zitronen
4 EL kaltes Wasser
3–4 Prisen brauner Zucker
1 Frühlingszwiebel (20 g), gewaschen, geputzt und in feine Ringe geschnitten
2 Stängel glatte Petersilie, gewaschen, Stängel fein gehackt, Blätter abgezupft
Salz
schwarzer Pfeffer aus der Mühle
1 EL MCT-Öl (erhältlich im Reformhaus)
1 EL Kürbiskernöl

Für die Kürbiskernkartoffeln
500 g festkochende Kartoffeln, gewaschen
Salz
40 g Kürbiskerne
20 g Ghee oder Butterschmalz, leicht erwärmt
1 TL Butterschmalz zum Braten
schwarzer Pfeffer aus der Mühle
Muskatnuss, frisch gerieben

Außerdem
ofenfeste Form, Stabmixer

Für die Schmorzitronensauce den Backofen auf 160 °C (Umluft) vorheizen. Das Meersalz in der ofenfesten Form verteilen. Die Zitronen daraufsetzen, in den Backofen (Mitte) schieben und darin etwa 45 Minuten weich schmoren. Dann herausnehmen und abkühlen lassen.

Inzwischen die Kartoffeln in einen Topf mit reichlich Salzwasser geben und darin etwa 20 Minuten – je nach Größe – weich garen. Anschließend abgießen, ausdampfen und abkühlen lassen. Danach schälen und halbieren oder vierteln. Die Kürbiskerne in einen hohen Rührbecher geben, mit dem flüssigen Ghee oder Butterschmalz übergießen und alles mit dem Stabmixer fein pürieren.

Die geschmorten Zitronen halbieren, das Fruchtfleisch in eine Schüssel kratzen und mit 4 EL kaltem Wasser und dem braunen Zucker verrühren. Frühlingszwiebel und Petersilie dazugeben, alles salzen und pfeffern und mit MCT- und Kürbiskernöl verfeinern.

Für die Kartoffeln das Butterschmalz in einer großen Pfanne erhitzen, die Kartoffeln einlegen, sofort mit 2 Prisen Salz würzen und 5–6 Minuten rundum goldbraun anbraten. Die gemixten Kürbiskerne dazugeben und alles weitere 3 Minuten braten. Anschließend mit 2 Prisen Pfeffer und einem Hauch Muskatnuss würzen.

Zum Servieren die Kürbiskernkartoffeln mit der Schmorzitronensauce auf Tellern anrichten und genießen.

Tipp

Führen Sie MCT-Fett langsam bzw. in kleinen Mengen in Ihre Küche ein. Denn an das MCT-Öl muss sich unser Verdauungstrakt erst gewöhnen. Und immer nur in der kalten Küche verwenden, das Öl ist äußerst hitzeempfindlich.

Lauch im Speckmantel mit Aprikosen und Fenchel

Für 2 Personen

Für den Gewürzsud
1 TL Wacholderbeeren
1 TL schwarze Pfefferkörner
½ TL ganzer Kümmel
1 TL gelbe Senfkörner
2 Lorbeerblätter
500 ml Wasser
1 TL Salz
1 TL brauner Zucker

Für den Lauch im Speckmantel
3 dicke Lauchstangen (750 g), geputzt, gewaschen, grobes Grün und Wurzelansatz entfernt
15 Scheiben Frühstücksspeck (Bacon; 150 g)
3 TL mittelscharfer Senf
3 Prisen ganzer Kümmel

Für die Aprikosen
1 Fenchelknolle (300 g), gewaschen, geputzt, halbiert, Strunk entfernt, Fenchel hauchfein geschnitten oder gehobelt, Grün abgezupft und gehackt
2 Prisen Salz
1 TL Butter (10 g)
8 getrocknete Softaprikosen (65 g), in mundgerechte Stücke geschnitten
100 ml Wasser
½ TL Fenchelsamen
schwarzer Pfeffer aus der Mühle
1 TL MCT-Öl (erhältlich im Reformhaus)

Außerdem
Einwegteebeutel, ofenfeste Form

Für den Gewürzsud Wacholder, Pfeffer, Kümmel, Senfkörner und Lorbeer in den Einwegteebeutel füllen und diesen verschließen. 500 ml Wasser in einen breiten Topf geben, mit Salz und Zucker würzen, den Gewürzbeutel einlegen und alles aufkochen. Die Lauchstangen nebeneinander in den Gewürzsud legen und darin abgedeckt bei schwacher Hitze 5 Minuten garen. Anschließend wenden und weitere 5 Minuten garen.

Den Backofen auf 180 °C (Ober- und Unterhitze) vorheizen. Den Lauch aus dem Sud heben, auf Küchenpapier abtropfen lassen und jede Stange quer in zwei Stücke (à etwa 14 cm) halbieren. Jeweils fünf Speckscheiben leicht überlappend nebeneinanderlegen, mit 1 TL Senf bestreichen und mit 1 Prise Kümmel würzen. 1 Lauchstück auf das untere Ende legen, mit dem Speck einmal rundum aufrollen und den Speck abschneiden. Das 2. Lauchstück auf den Rest der fünf Speckscheiben legen und darin ebenfalls einwickeln. Die restlichen Lauchstangen mit dem übrigen Speck genauso vorbereiten. Die Lauchstangen mit der Nahtseite des Specks nach unten in die ofenfeste Form legen, in den Backofen (Mitte) schieben und darin 35–40 Minuten goldbraun backen.

Inzwischen für die Aprikosen den gehobelten Fenchel in eine Schüssel geben, mit Salz würzen und gut mit den Händen mischen bzw. durchkneten, dann 10 Minuten stehen lassen. Die Butter in einer kleinen Pfanne aufschäumen lassen und die Aprikosen darin 2 Minuten darin anbraten. Den marinierten Fenchel dazugeben und ebenfalls 2 Minuten anbraten. Mit 100 ml Wasser ablöschen und weitere 2 Minuten garen. Zum Schluss mit Fenchelsamen, Fenchelgrün und Pfeffer würzen.

Zum Servieren das Aprikosen-Fenchel-Gemüse auf Tellern anrichten, erst jetzt mit dem MCT-Öl beträufeln und mit dem Lauch im Speckmantel genießen. Dazu passt ein frisches Kartoffelpüree.

Rote Bete aus dem Backofen mit Matcha-Seidentofu-Dip

Für 2 Personen

Für die Roten Beten
400 g ungereinigtes Meersalz
3 Rote Beten (etwa 450 g), gewaschen
1 TL Butter (10 g)
Gewürzmühle aus ganzem Kümmel, schwarzen Pfeffer- und Korianderkörnern, Fenchelsamen

Für die Mandelkartoffeln
500 g kleine festkochende Kartoffeln, gewaschen und halbiert
Salz
1 TL Rapsöl
2 EL Mandelblättchen

Für den Matcha-Seidentofu-Dip
150 g Seidentofu
2 Msp. Matcha-Teepulver
1 EL heißes Wasser
Saft und Abrieb von ¼ Bio-Zitrone
2 EL Schnittlauchröllchen
2 EL MCT-Öl (erhältlich im Reformhaus)
2 Prisen Salz
2 Prisen brauner Zucker
schwarzer Pfeffer aus der Mühle

Außerdem
ofenfeste Form, Alufolie, ggf. Stabmixer, Einweghandschuhe

Für die Roten Beten den Backofen auf 175 °C (Umluft) vorheizen. Das Meersalz in der ofenfesten Form verteilen, die Roten Beten daraufsetzen und mit Alufolie abdecken. Die Beten in den Backofen (Mitte) schieben und darin 1½ Stunden weich garen.

Inzwischen die Kartoffeln in einen Topf mit Wasser geben und gut salzen, dann aufkochen und abgedeckt 15–20 Minuten weich garen. Je nach Größe der Kartoffeln kann die Garzeit kürzer oder länger sein, deshalb immer wieder mit einer Messerspitze den Garpunkt prüfen. Dann die Kartoffeln abgießen, ausdampfen und lauwarm abkühlen lassen.

Für den Dip den Seidentofu in einem Sieb abtropfen lassen, in eine Schüssel geben und mit einem Schneebesen glatt rühren (oder in einen hohen Rührbecher geben und mit dem Stabmixer fein aufmixen). Das Teepulver mit dem heißen Wasser in einer kleinen Schüssel anrühren und zum Tofu geben. Zitronensaft und -abrieb, Schnittlauch und MCT-Öl ebenfalls zum Tofu geben. Alles glatt rühren und mit Salz, Zucker und etwas Pfeffer abschmecken.

Die Roten Beten aus dem Backofen nehmen, etwas abkühlen lassen und mit den Einweghandschuhen schälen. Die Knollen halbieren und in mundgerechte Spalten schneiden. Die Butter in einer kleinen Pfanne aufschäumen lassen und die Roten Beten einlegen, kräftig mit den Gewürzen aus der Mühle würzen und 1 Minute rundum anbraten.

Parallel dazu das Rapsöl in einer weiteren Pfanne erhitzen und die Kartoffeln einlegen, mit 2 Prisen Salz würzen und bei mittlerer Hitze 2–3 Minuten anbraten. Mit den Mandelblättchen bestreuen und weitere 2 Minuten goldbraun braten.

Zum Servieren die Mandelkartoffeln mit Roten Beten und Matcha-Seidentofu-Dip auf Tellern anrichten.

Paprikaschnitzel aus dem Ofen mit Paranuss-Vinaigrette

Für 2 Personen

Für die Paprikaschnitzel
je 1 rote, gelbe und orange Paprikaschote (650 g), gewaschen, geviertelt und entkernt
1 EL Olivenöl für die Paprika
1 Bund glatte Petersilie abgezupft (20 g)
2 Scheiben Knoblauch
2 Prisen gemahlener Kümmel
1 Prise Cayennepfeffer
1 Prise Paprikapulver edelsüß
Saft und Abrieb von ¼ Bio-Zitrone
50–60 g Olivenöl – je nach Konsistenz der Brösel
25 g Pankobrösel (erhältlich im Asialaden)
10 g Amarant, gepoppt
2 Prisen Fleur de sel

Für die Vinaigrette
1 EL Olivenöl
1 Schalotte (50 g), geschält und in feine Würfel oder Scheiben geschnitten
1 EL Wasser
2 EL Weißweinessig
2 Prisen Salz
schwarzer Pfeffer aus der Mühle
1 TL Arganöl

Zum Anrichten
20 g Paranüsse, fein gehackt

Außerdem
Alufolie, Stabmixer

Für die Paprikaschnitzel den Backofen auf Grillfunktion vorheizen. Ein Backblech mit Alufolie belegen. Die Paprikastücke mit der Hautseite nach oben auf das Backblech legen und mit Olivenöl bestreichen. Die Paprika in den Backofen (Mitte) schieben und darin 8–10 Minuten garen, bis die Haut dunkel wird und sich vom Paprikafleisch leicht lösen lässt.

Inzwischen die glatte Petersilie in einen hohen Rührbecher geben, Knoblauch, Kümmel, Cayennepfeffer, Paprikapulver, Zitronensaft und -abrieb dazugeben und alles mit dem Stabmixer leicht anmixen. Dann 50 g Olivenöl dazugießen und alles cremig mixen. Die Pankobrösel, gepoppten Amarant und Fleur de sel einrühren. Falls die Masse zu fest ist, das übrige Olivenöl untermischen, dann die Creme beiseitestellen.

Die Paprika aus dem Backofen (nicht ausschalten!) nehmen, mit einem angefeuchteten Küchenpapier abdecken und kurz stehen lassen. Dann die Haut abziehen und die Paprikastücke auf der Hautseite wieder auf das Blech legen. Die Brösel gleichmäßig in den Paprikastücken verteilen und mit den Händen flach drücken. Die gefüllten Paprika in den Backofen (Mitte) schieben und darin noch 5 Minuten goldbraun überbacken.

Währenddessen die Paranüsse in einer Pfanne ohne Fett 2–3 Minuten goldbraun rösten, auf einen Teller geben und abkühlen lassen. In derselben Pfanne das Olivenöl erhitzen und die Schalotte darin 2 Minuten glasig dünsten. Mit 1 EL Wasser und dem Essig ablöschen und mit Salz und Pfeffer würzen. Die Pfanne vom Herd ziehen und das Arganöl einrühren.

Zum Servieren die Paprikaschnitzel aus dem Ofen nehmen und auf Teller verteilen. Mit Vinaigrette beträufeln und mit Paranüssen bestreuen.

Gekochter Hafer-Lauch-Schrot mit Kurkuma und Avocado

Für 2 Personen

Für den Hafer-Lauch-Schrot
100 g Hafer, grob geschrotet
250–300 ml Gemüsebrühe oder Wasser
2–3 Prisen Fleur de sel
½ TL gemahlene Bio-Kurkuma
1 Stück Ingwer, geschält und fein gerieben (5 g)
1 TL Butter
80 g Lauch, gewaschen und in feine Würfel geschnitten
½ Knoblauchzehe, geschält und fein gehackt
50 ml Wasser
Saft und Abrieb von ¼ Bio-Zitrone
Salz
schwarzer Pfeffer aus der Mühle

Für die Avocado
1 TL Butterschmalz oder Ghee
1 Avocado, geschält, halbiert und in 1 cm dicke Spalten geschnitten
Salz
schwarzer Pfeffer aus der Mühle

Zum Anrichten
50 g Cashewnüsse
1 EL Argan- oder Leinöl

Gekochter Haferschrot ist ein Klassiker von meiner Oma Herta. Ein ehrliches und gesundes Essen, damals wie heute. Ich habe es noch ein bisschen aufgepimpt und gebe die Superfoods Kurkuma und Ingwer dazu. Für eine Extraportion Power und Vitalität – und für einen grandiosen Geschmack.

Für den Hafer-Lauch-Schrot den Haferschot in einem kleinen Topf ohne Fett bei mittlerer Hitze 2 Minuten unter Wenden rösten. Mit Gemüsebrühe oder Wasser ablöschen und mit Fleur de sel würzen. Dann den Haferschrot aufkochen und offen bei schwacher Hitze 20 Minuten quellen lassen. Dabei immer wieder umrühren. Kurz vor Ende der Garzeit Kurkuma und Ingwer dazugeben.

Inzwischen die Butter in einer kleinen Pfanne aufschäumen lassen und den Lauch darin bei mittlerer Hitze 2 Minuten anbraten. Den Knoblauch dazugeben, 50 ml Wasser dazugießen und alles weitere 2 Minuten dünsten. Den gebratenen Lauch zum Haferschrot geben und mit Zitronensaft und -abrieb verfeinern. Alles gut mischen und nochmals mit Salz und Pfeffer nachschmecken.

Die Cashewnüsse in einer Pfanne ohne Fett 3–4 Minuten goldbraun rösten, aus der Pfanne auf ein Arbeitsbrett geben, abkühlen lassen und mit einem breiten Messer grob zerkleinern.

Für die Avocado das Butterschmalz in einer Pfanne erhitzen und die Avocadospalten einlegen, mit 2 Prisen Salz und Pfeffer würzen und 1–2 Minuten rundum goldbraun anbraten.

Zum Servieren den Hafer-Lauch-Schrot mit den Avocadospalten auf Tellern anrichten und mit den gehackten Cashewnüssen bestreuen. Das Argan- oder Leinöl darüberträufeln.

Top Ten Gemüse

Gemüse ist weit mehr als nur die kleine Beilage auf dem Teller neben dem Stück Fleisch. Gemüse hat definitiv das Zeug für die ganz großen Hauptrollen. Denn es stecken so viele gute und wertvolle Inhaltsstoffe darin.

Brokkoli

Der grüne Kohlkopf ist ein Vitamin-C-Wunder. Selbst im gegarten Zustand ist Brokkoli mit 90 Milligramm pro 100 Gramm der Spitzenreiter in der weitverzweigten Kohlfamilie – der Tagesbedarf liegt bei 100 Milligramm. Zudem wartet Brokkoli mit sekundären Pflanzenstoffen auf, die sogenannte freie Radikale unschädlich machen und das Immunsystem boosten. Gebraten und mit Schmorzitrone schmeckt er einfach grandios (s. S. 122).

Knollensellerie

Die Knolle ist auf den ersten Blick vielleicht kein Leckerbissen, aber gesundheitlich wertvoll! Sellerie beruhigt dank seiner Bitterstoffe und ätherischen Öle gereizte Mägen und kann einen Überschuss an Magensäure neutralisieren – gut gegen Sodbrennen. Zudem enthält die Knolle reichlich Mineralstoffe und Spurenelemente wie Kalium, Eisen und Kalzium.

Kürbis

Rund und gesund! Die kräftig orangene Farbe des Fruchtfleisches lässt schon darauf schließen, dass viele sekundäre Pflanzenstoffe im Kürbis stecken. Allen voran Beta-Karotin, die Vorstufe von Vitamin A. Dieses Vitamin ist besonders wichtig für die Augengesundheit, zum Beispiel für das Hell-Dunkel-Sehen. Vitamin A benötigen wir außerdem für ein intaktes Immunsystem.

Lauch

Ebenso wie Zwiebeln und Knoblauch ist Lauch reich an entzündungshemmenden Schwefelverbindungen. Diese bringen uns beim Schneiden zwar oft zum Weinen, können aber durch ihre antibakterielle Wirkung Infektionen vorbeugen und bei Erkältung Linderung schaffen. Auch gegen Arthrose soll die Zwiebelfamilie hilfreich sein.

Paprika

Sie ist die reinste Vitamin-C-Bombe: 120 Milligramm sind in 100 Gramm enthalten. Damit steckt die Paprika Orange (50 mg/100 g) oder Zitrone (53 mg/100 g) locker in die Tasche. Vitamin C kann das Immunsystem stärken und Infekte abwehren. Unreife grüne Schoten schmecken herber, die reifen gelben, orangenen oder roten mild-süß.

Radicchio

Jetzt wird's ganz bitter – aber im positiven Sinne! Denn Radicchio und Endivie zählen zu den Bittersalaten. Und Bitterstoffe fördern die Durchblutung und die Verdauung. Damit können die Nährstoffe in der Nahrung optimal verwertet werden. Und Bitterstoffe wirken entzündungs- und keimhemmend – sehr hilfreich, um Magen-Darm-Infekten vorzubeugen!

Rote Bete

Das Auffälligste an der Roten Bete? Klar, die Farbe! Der dafür verantwortliche sekundäre Pflanzenstoff Betanin schützt Zellen und Gefäße vor freien Radikalen. Die Knollen enthalten auch viel Eisen: Eine Portion gegarte Bete (ca. 250 g) deckt 15 Prozent der für Männer empfohlenen Tagesration an Eisen; für Frauen zehn Prozent.

Spinat

Popeye hatte zwar recht: Spinat enthält für Gemüse eine ganze Menge Eisen, das wichtig für den Sauerstofftransport im Blut, und auch für Muskeln, Haut und Haare ist. Allerdings kann der Körper pflanzliches Eisen nicht gut aufnehmen. Mein Tipp: Wenn man etwas Zitrone dazugibt, verbessert das enthaltene Vitamin C die Aufnahme von Pflanzeneisen im Darm.

Tomaten

Sie sind Zellschutz pur. Das liegt an Lycopin, einem Pflanzenfarbstoff mit antioxidativer Wirkung. Lycopin ist in rohen Tomaten enthalten, findet sich aber in noch größerer Konzentration in erhitzten Produkten wie Tomatenmark und Dosentomaten. Tomaten sind bei uns zulande das beliebteste Gemüse – kein anderes Gemüse kommt so oft auf den Tisch. Gut so!

Weißkohl

Mit etwa 25 Kilokalorien pro 100 Gramm zählt Weißkohl zu den perfekten Gemüsesorten für alle, die auf ihre Figur achten. Der Fettgehalt ist mit gerade einmal 0,2 Prozent mini, der Gehalt an sekundären Pflanzenstoffen dafür riesig. Weißkohl ist sehr vielseitig und mag es mal scharf (Scharfes Apfelweißkraut S. 47) und mal spicy (Spicy Weißkrautsalat 146).

Gebratener Brokkoli mit Schmorzitrone

Für 2 Personen

Für die Schmorzitrone
- 200 g ungereinigtes Meersalz
- 1 Bio-Zitrone

Für den Brokkoli
- 3–4 EL Olivenöl
- 1 Brokkoli (600 g), geputzt; grober Stiel abgeschnitten, großzügig geschält und in Scheiben geschnitten; Röschen in ½ cm dicke Scheiben geschnitten
- 3–4 Prisen Fleur de sel
- 100 ml Wasser
- schwarzer Pfeffer aus der Mühle
- Muskatnuss, frisch gerieben

Zum Anrichten
- 2 EL Butter (40 g)
- 2 EL geschälte Hanfsamen (20 g)

Außerdem
- kleine ofenfeste Form

Für die Schmorzitrone den Backofen auf 160 °C (Umluft) vorheizen. Das Meersalz in der ofenfesten Form verteilen. Die Zitrone daraufsetzen, in den Backofen (Mitte) schieben und darin 45 Minuten weich schmoren. Dann herausnehmen und abkühlen lassen. Die Zitrone halbieren und das Fruchtfleisch mit einem Löffel aus den Zitronenhälften kratzen.

Für den Brokkoli 2 EL Olivenöl in einer Pfanne erhitzen und die Hälfte der Brokkolistücke einlegen, mit 2 Prisen Fleur de sel würzen und bei mittlerer Hitze 8–10 Minuten braten. Dabei immer wieder wenden. Etwa 50 ml Wasser zum Dämpfen dazugießen und den Brokkoli mit reichlich Pfeffer und etwas Muskatnuss würzen. Den Brokkoli aus der Pfanne nehmen und beiseitestellen, den restlichen Brokkoli im übrigen Öl ebenso braten und würzen. Anschließend den beiseitegestellten Brokkoli zurück in die Pfanne geben und alles nochmals kurz durchschwenken.

Das Zitronenfruchtfleisch unter den Brokkoli heben und durchrühren. Kurz vor dem Anrichten die Butter in einer Pfanne oder einem kleinen Topf aufschäumen lassen und die Hanfsamen darin 2–3 Minuten unter Rühren goldbraun und nussig duftend rösten.

Zum Servieren das Brokkoli-Zitronen-Gemüse auf Tellern anrichten und mit der Hanfsamenbutter beträufeln und ganz pur genießen.

Tipp

Die Zitrone erhält durch das Garen im Backofen einen unvergleichbaren frischen karamelligen Geschmack.

Überbackener Kabeljau mit grünen Senfbröseln

Für 2 Personen

Für den Kabeljau
1 TL Olivenöl für die Form
500 g Kabeljau- oder Rotbarschfilet (ohne Haut), gewaschen, trocken getupft, in 4 gleich große Stücke geschnitten
2–3 Prisen Fleur de sel
schwarzer Pfeffer aus der Mühle
Gewürzmühle aus ganzem Kümmel, Korianderkörnern, Anis- und Fenchelsamen
20 ml trockener Weißwein

Für die grünen Brösel
50 g Pankobrösel (erhältlich im Asialaden)
1 Msp. Bio-Zitronenabrieb
15 g Kräuter (1 kleiner Stängel Liebstöckel, je 2 Stängel glatte Petersilie und Dill), gewaschen und abgezupft
50 g Butter, zerlassen
¼ Bund Schnittlauch, in feine Röllchen geschnitten
20 g grobkörniger Senf
Salz
schwarzer Pfeffer aus der Mühle

Außerdem
ofenfeste Form, Alufolie, Stabmixer

Für den Kabeljau den Backofen auf 100 °C (Umluft) vorheizen. Die Form mit dem Olivenöl ausfetten. Die Fischfiletstücke rundum mit Fleur de sel, 2 Prisen Pfeffer und 2–3 Prisen aus der Gewürzmühle würzen. Die Fischfilets nebeneinander in die Form legen, mit dem Weißwein beträufeln, mit Alufolie abdecken und gut verschließen. Den Fisch in den Backofen (Mitte) schieben und darin je nach Stärke der Fischfilets 20–25 Minuten garen. Er sollte danach noch sehr glasig sein, denn beim späteren Übergrillen garen die Fischstücke noch nach.

Inzwischen für die grünen Brösel die Pankobrösel mit Zitronenabrieb und Kräutern in einen hohen Rührbecher geben und mit dem Stabmixer zu grünen Bröseln mixen. Die flüssige Butter dazugeben und alles nochmals mixen. Die grünen Brösel in eine Schüssel füllen, Schnittlauch und grobkörnigen Senf untermischen, alles mit 2 Prisen Salz und etwas Pfeffer abschmecken und gut durchrühren.

Den glasig gegarten Fisch aus dem Backofen nehmen, die Alufolie abnehmen und den Backofen auf Grillfunktion vorheizen. Die grüne Bröselbutter gleichmäßig auf den Fischfilets verteilen. Sobald der Backofen die starke Oberhitze erreicht hat, die Fischfilets wieder in den Backofen schieben und noch etwa 5 Minuten goldbraun überbacken.

Zum Servieren die Form aus dem Backofen nehmen und den Fisch pur oder mit gekochten Salzkartoffeln auf Tellern anrichten.

Suppiger Tomatensalat mit gebeizter Makrele und scharfen Erdnüssen

Für 2 Personen

Für die Makrele
- 1 Fleischtomate (270 g), gewaschen, Stielansatz entfernt, grob geschnitten
- 1 Schalotte (30 g), geschält und in feine Würfel geschnitten
- 2 Scheiben Knoblauch
- Salz
- schwarzer Pfeffer aus der Mühle
- 400 g Makrelenfilets (mit Haut), gewaschen und trocken getupft
- 1 TL Weißweinessig
- 2 Prisen brauner Zucker
- 2 EL Olivenöl
- 1 EL Schnittlauchröllchen
- 400 g bunte Tomaten, gewaschen, Stielansätze entfernt, in mundgerechte Stücke oder Scheiben geschnitten

Für die scharfen Erdnüsse
- 1 Bio-Landeiweiß (M)
- ½ TL brauner Zucker
- 4–5 Prisen Salz
- 200 g Erdnüsse
- 1–2 Prisen Chiliflocken

Außerdem
- Stabmixer, flache Form, Frischhaltefolie, Backpapier
- Handrührgerät mit Quirl

Makrele enthält viele gesunde Omega-3-Fettsäuren, Protein und Vitamin D. Hier kommt sie gebeizt auf den Tisch – das heißt, die Makrele wird mit Salz eingerieben und darf sich dann eine Stunde im Tomatensalat »entspannen«. Das Salz entzieht dem Fisch Wasser und macht ihn gleichzeitig herrlich zart und aromatisch.

Für die Makrele die Fleischtomatenstücke in einen hohen Rührbecher geben, Schalottenwürfel und Knoblauch dazugeben und alles mit 2–3 Prisen Salz und etwas Pfeffer würzen. Dann alles mit dem Stabmixer fein pürieren. Die Tomaten durch ein grobes Sieb streichen und die Flüssigkeit in eine flache Form gießen. Die Makrelenfilets auf der Fleischseite mit 3–4 Prisen Salz einreiben und auf der gesalzenen Seite in die Form legen. Die Form mit Frischhaltefolie abdecken und im Kühlschrank 1 Stunde beizen.

Inzwischen für die scharfen Erdnüsse den Backofen auf 160 °C (Ober- und Unterhitze) vorheizen. Ein Backblech mit Backpapier belegen. Das Eiweiß mit Zucker und Salz in eine hohe Schüssel geben und mit einem Schneebesen von Hand oder mit den Quirlen des Handrührgeräts cremig aufschlagen. Erdnüsse und Chiliflocken unterheben, alles gut verrühren und auf dem Backblech flach verteilen. Die Nüsse in den Backofen (Mitte) schieben und darin etwa 15 Minuten backen, dann herausnehmen, voneinander lösen und wenden. Die Nüsse im Backofen noch weitere 10 Minuten goldbraun duftend backen. Anschließend aus dem Backofen nehmen und abkühlen lassen.

Die Makrelen aus dem Sud heben, auf ein Arbeitsbrett legen und in mundgerechte Stücke oder Scheiben schneiden, dabei die Haut entfernen. Etwa 50 ml Tomatenmarinade abnehmen, mit Essig, Zucker und Olivenöl verrühren und mit Schnittlauch verfeinern. Die bunten Tomaten damit marinieren und mit Salz und Pfeffer nachschmecken.

Zum Servieren den suppigen Tomatensalat mit der gebeizten Makrele auf Tellern anrichten und mit den scharfen Erdnüssen bestreuen. Restliche Erdnüsse einfach dazu knabbern oder ein andermal genießen.

Lachs-Ceviche mit rosa Grapefruit und Chicorée

Für 2 Personen

Für das Lachs-Ceviche
300 g Lachsfilet (ohne Haut und Gräten, beste Qualität), gewaschen, trocken getupft, in 2–3 mm dünne Scheiben geschnitten
3–4 Prisen Fleur de sel
1 rosa Grapefruit, geschält, filetiert (s. Tipp) und 50 ml Saft aufgefangen
1 EL Ahornsirup
1 Msp. frisch geriebener Knoblauch
schwarzer Pfeffer aus der Mühle

Zum Anrichten
1 kleines Stück Frühlingszwiebel (15 g), gewaschen, geputzt und in feine Ringe geschnitten
2 Stängel glatte Petersilie, gewaschen, Blätter abgezupft
1–2 EL Olivenöl
250 g Chicorée, gewaschen, geputzt und in mundgerechte Stücke gezupft bzw. geschnitten
Baguette

Außerdem
flache Form oder tiefe Platte, Frischhaltefolie

Gut, dass das peruanische Fischgericht Ceviche inzwischen seinen Weg in die ganze Welt gefunden hat, denn es ist extrem lecker und gesund. Der Fisch bleibt dabei roh, die feinen Scheibchen sind nur mit einem würzig-säuerlichen Sud mariniert und werden mit Gemüse serviert.

Für das Ceviche die Lachsscheiben in der flachen Form oder auf der tiefen Platte auslegen und von beiden Seiten mit 2 Prisen Fleur de sel würzen. Den Grapefruitsaft mit Ahornsirup, Knoblauch, übrigem Fleur de sel und 2 Prisen Pfeffer mischen, kräftig abschmecken und über die Lachsscheiben träufeln. Den Fisch mit Frischhaltefolie abdecken und im Kühlschrank 1 Stunde ziehen lassen.

Inzwischen die Frühlingszwiebel mit Petersilie und Grapefruitfilets in einer Schüssel locker mischen und mit dem Olivenöl beträufeln.

Nach 1 Stunde das Lachs-Ceviche aus dem Kühlschrank nehmen und kurz stehen lassen, damit es Zimmertemperatur annehmen kann. Zum Servieren mit den marinierten Grapefruitfilets belegen und mit den Chicoréeblättern anrichten. Das Baguette dazu reichen.

Tipp

So lassen sich Grapefruit oder Orangen fachgerecht filetieren:
Dazu den Deckel oben und unten flach abschneiden, damit die Frucht auf dem Arbeitsbrett fest steht und nicht davonkullert. Dann die dicke Schale samt weißer Haut mit einem scharfen Messer halbmondförmig abschneiden. Die pure Frucht in die Hand nehmen, eine kleine Schüssel darunterstellen und die einzelnen Fruchtfilets mit dem Messer zwischen den Trennwänden herausschneiden. Das »Gerüst« zum Schluss mit den Händen kräftig auspressen und den Saft dabei auffangen.

Rosmarinlachs mit Bratzitrone und weißen Bohnen

Für 2 Personen

Für die weißen Bohnen
1,5 EL Olivenöl
½ Zwiebel (50 g), geschält und in feine Würfel geschnitten
1 kleine Dose weiße Bohnen (Abtropfgewicht 240 g), in einem Sieb abgetropft und mit kaltem Wasser abgebraust
Salz
schwarzer Pfeffer aus der Mühle
50 ml Gemüsebrühe oder Wasser

Für den Rosmarinlachs
2 Lachsfilets (ohne Haut, à 250 g), gewaschen und trocken getupft
Salz
1 TL Olivenöl
2 kleine Zweige Rosmarin, Nadeln abgezupft
1 kleine Knoblauchzehe, in der Schale angedrückt
1 EL Butter (20 g)

Für die Bratzitronen
1 Bio-Zitrone, halbiert
200 g junger Blattspinat, gewaschen und in einem Sieb abgetropft
2 Prisen brauner Zucker
Salz
schwarzer Pfeffer aus der Mühle
1,5 EL Traubenkernöl
1 TL Arganöl

Außerdem
Stabmixer

Für die weißen Bohnen 1 TL Olivenöl in einem kleinen Topf erhitzen und die Zwiebel darin bei schwacher Hitze 2 Minuten glasig dünsten. Die weißen Bohnen dazugeben, mit 2 Prisen Salz und Pfeffer würzen und durchrühren. Mit Brühe oder Wasser ablöschen, die Bohnen aufkochen und offen bei schwacher Hitze 5 Minuten köcheln lassen. Dann in einen hohen Rührbecher füllen, das übrige Olivenöl dazugeben und alles mit dem Stabmixer cremig pürieren. Das Püree wieder in den Topf geben und beiseitestellen.

Parallel dazu die Lachsfilets auf der Fleischseite mit einem scharfen Messer rautenförmig etwa 1 cm tief einschneiden. Auf diese Weise gart der Fisch später schneller und gleichmäßiger, und die Aromen können besser einziehen. Anschließend mit 2–3 Prisen Salz würzen. Das Olivenöl in einer Pfanne erhitzen, die Lachsstücke mit der Fleischseite nach unten hineinlegen und bei mittlerer Hitze 2 Minuten anbraten. Rosmarinnadeln, Knoblauch und Butter hinzufügen und alles durchschwenken. Die Lachsstücke wenden, kurz weiterbraten und die Pfanne vom Herd ziehen. Die Pfanne mit einem Deckel schräg liegend abdecken und die Lachsfilets in der Restwärme noch 4–5 Minuten nachziehen lassen.

Für die Bratzitronen inzwischen die Zitronenhälften mit der Schnittfläche nach unten in eine kleine Pfanne legen und bei mittlerer Hitze 1–2 Minuten goldbraun anbraten. Herausnehmen und etwas abkühlen lassen. Den Spinat in eine Schüssel geben, 1 Spritzer Saft aus der Bratzitrone darüberpressen und alles mit Zucker, 2 Prisen Salz und Pfeffer abschmecken. Zum Schluss mit den beiden Ölsorten beträufeln und alles mischen.

Zum Servieren das Bohnenpüree bei schwacher Hitze nochmals unter Rühren erwärmen. Dann mit dem Lachs samt Rosmarinbutter und dem Spinatsalat auf Tellern anrichten und mit dem restlichen Saft aus der Bratzitrone beträufeln.

»Was man seinem Körper wortwörtlich ›einverleibt‹ ist das, wovon er lebt und leben muss.«

Kurkuma-Sellerie mit Garnelen und rosa Grapefruitmarinade

Für 2 Personen

Für den Kurkuma-Sellerie
- 800 g Knollensellerie, gewaschen, geschält und in vier gleich große Stücke geschnitten
- 1,5 l Wasser
- 1,5 TL Salz
- ½ TL gemahlene Bio-Kurkuma
- 2 Lorbeerblätter
- 1 Frühlingszwiebel (30 g), gewaschen, geputzt und in feine Ringe geschnitten
- 1 rosa Bio-Grapefruit, 1 Msp. Grapefruitschale abgerieben, Rest geschält und filetiert (s. S. 128), 30 ml Grapefruitsaft aufgefangen
- 1 EL Weißweinessig
- 1 EL Ahornsirup
- 1 EL MCT-Öl (erhältlich im Reformhaus)
- 1 EL Traubenkernöl
- schwarzer Pfeffer aus der Mühle

Für die Garnelen
- 1 EL Olivenöl zum Braten
- 250 g Garnelen (küchenfertig, geschält), gewaschen und trocken getupft
- ½ Knoblauchzehe, geschält und in Scheiben geschnitten
- Fleur de sel
- 1 Prise Chiliflocken

Für den Kurkuma-Sellerie den Knollensellerie mit 1,5 l Wasser, Salz, Kurkuma und Lorbeerblättern in einen Topf geben, aufkochen und abgedeckt bei mittlerer Hitze etwa 35 Minuten köcheln lassen. Danach aus dem Kochsud heben, etwas abkühlen lassen und in dünne Scheiben oder mundgerechte Stücke schneiden.

Kurz vor Garzeitende die Frühlingszwiebel mit Grapefruitabrieb und -saft, Essig und Ahornsirup in einer Schüssel mischen. Zum Schluss 4 EL Selleriekochsud dazugeben und MCT-Öl und Traubenkernöl unterrühren. Die Grapefruitfilets einlegen und alles bis zum Anrichten beiseitestellen.

Für die Garnelen das Olivenöl in einer Pfanne erhitzen und Garnelen und Knoblauch darin bei starker Hitze 2 Minuten anbraten. Mit 2 Prisen Fleur de sel und den Chiliflocken würzen und wenden. Die Pfanne vom Herd ziehen und die Garnelen in der Restwärme 1–2 Minuten ziehen lassen.

Zum Servieren den Kurkuma-Sellerie mit der Grapefruitmarinade und den gebratenen Garnelen auf Tellern anrichten.

Tipp

Achtung, manche Medikamente werden von Grapefruit in ihrer Wirkung verstärkt oder abgeschwächt! Lest unbedingt den Beipackzettel.

Kopfsalat mit Selleriewürfeln und Sonnenblumenkerndressing

Für 2 Personen

Für die Selleriewürfel
4 EL Olivenöl
150 g Knollensellerie, gewaschen, geschält und in ½ cm kleine Würfel geschnitten
1 Zweig Thymian, gewaschen
Salz

Für das Dressing
30 g Sonnenblumenkerne
3 EL Weißweinessig
30 g Schmand
3 EL Wasser
Salz
3 Prisen brauner Zucker
schwarzer Pfeffer aus der Mühle
1,5 EL Walnussöl
2–3 EL Sellerie-Bratöl (von den Selleriewürfeln)

Zum Anrichten
2 Kopfsalate, geputzt und gewaschen (à etwa 220 g)
4–6 Radieschen, gewaschen und in feine Scheiben geschnitten oder gehobelt
2 EL Kürbiskernöl
1 EL Schnittlauchröllchen

Außerdem
Stabmixer

Für die Selleriewürfel das Olivenöl in einer breiten Pfanne erhitzen und Selleriewürfel und Thymian darin bei mittlerer Hitze etwa 15 Minuten unter Wenden goldbraun braten. Aus der Pfanne heben, auf Küchenpapier abfetten lassen und mit 1–2 Prisen Salz würzen. Das Sellerie-Bratöl für das Dressing aufbewahren.

Inzwischen für das Dressing die Sonnenblumenkerne in einer Pfanne ohne Fett 2–3 Minuten goldbraun rösten, herausnehmen und abkühlen lassen. Anschließend in einen hohen Rührbecher geben, Essig, Schmand und 3 EL Wasser hinzufügen und alles mit dem Stabmixer fein pürieren. Das Dressing mit 2–3 Prisen Salz, Zucker und Pfeffer abschmecken. Zum Schluss Walnussöl und Sellerie-Bratöl (aus der Pfanne) dazugeben und alles nochmals durchmixen.

Den Kopfsalat im Ganzen, halbiert oder geviertelt auf Teller setzen und geröstete Selleriewürfel und Radieschen darauf verteilen. Jeweils mit dem Dressing und dem Kürbiskernöl beträufeln und mit den Schnittlauchröllchen bestreuen.

Top Ten Kräuter

Kräuter sind mit ihrem frischen Grün nicht nur eine erfrischende Garnitur für fast alle Gerichte. Sie bringen auch ein ganzes Sträußchen Vitamine, Mineralstoffe und ätherische Öle mit, die unserer Gesundheit guttun.

Petersilie

Unter den beliebtesten Küchenkräutern nimmt die Petersilie einen der vordersten Plätze ein. In den grünen Blättchen ist nämlich ein ganzes Füllhorn an Vitaminen und Mineralstoffen enthalten. Besonders hervorzuheben ist der Vitamin-C-Gehalt: mit 30 Gramm Petersilie ist schon die Hälfte des Tagesbedarfs an dem Vitamin gedeckt. Top für das Immunsystem!

Brennnessel

Meist lassen wir sie beim Spaziergang am Wegesrand links liegen. Schade, denn Brennnesseln kann man auch essen – und zwar sowohl die Blätter als auch die Samen. Die leicht scharf schmeckenden Blätter eignen sich zum Entgiften und Entschlacken. Die braunen reifen Samen lassen sich trocknen und machen sich prima im Müsli.

Kamille

Wenn man als Kind krank war (oder auch als Erwachsener ist), bekommt man Kamillentee ans Bett gestellt. Macht auch total viel Sinn, denn Kamille wirkt entzündungshemmend, antibakteriell und beruhigend. Aber Kamille hat auch kulinarisch einiges auf dem Kasten. Es lässt sich zum Beispiel eine köstliche Karotten-Kamillen-Suppe daraus zaubern (s. S. 156).

Liebstöckel

Das Aroma dieses Küchenkrauts ist Ihnen sicher vertraut. Liebstöckel heißt auch Maggikraut, angelehnt an die Aroma-Ähnlichkeit mit der Maggi-Würze. Mit frischem Liebstöckel zu kochen ist aber deutlich vielschichtiger und gesünder. In der Naturheilkunde nutzt man das Kraut gegen Nieren- und Blasenleiden, es wirkt harntreibend und entwässernd.

Majoran

Wussten Sie, dass Majoran auch den Beinamen »Wurstkraut« trägt? Das liegt daran, dass vielen Brat- und Grillwürsten Majoran beigemischt wird. Das schmeckt nicht nur gut, sondern macht die fettigen Würste auch bekömmlicher. Denn Majoran enthält Bitter- und Gerbstoffe, die den Magen unterstützen und Völlegefühl lindern können.

Ringelblumen

Punkt eins: Sie sehen hübsch aus. Punkt zwei: Sie werden gern als Ingredienz in Hautcremes und Salben verwendet. Punkt drei: Sie sind auch essbar! Genauer gesagt die feinen Blütenblättchen der Ringelblume. Sie sind dank ihrer attraktiven Färbung sehr dekorativ und schmecken leicht herb. In Kombi mit Currypulver ergeben sie so eine aromatische Blütenbutter zu Scones (s. S. 189).

Rosmarin

Some like it hot! Und Rosmarin gehört dazu. Denn er entfaltet sein wunderbar mediterranes Aroma erst, wenn Hitze mit ins Spiel kommt. Außerdem wird Rosmarin als Heilkraut geschätzt: Er fördert die Durchblutung und kräftigt den Kreislauf. In Kombination mit Lachs, Knoblauch und etwas Butter läuft das Kraut zur Höchstform auf (s. Rosmarinlachs auf S. 130).

Salbei

Wenn es irgendwo ein fettreiches Problem gibt, ist Salbei der Retter in der Not. Die Bitter- und Gerbstoffe der samtig-weichen Blätter fördern nämlich die Fettverdauung und unterstützen ganz speziell die Tätigkeit von Leber und Galle. Wenn zu einem fettreichen Essen also etwas Salbei serviert wird, ist es in der Regel deutlich verträglicher und bekömmlicher. Und köstlich schmeckt Salbei allemal!

Schnittlauch

Frisch, frischer, Schnittlauch! Die grünen Halme bringen sofort ein feinwürziges Aroma ans Essen und sind im Ganzen wie in kleine Röllchen geschnitten eine Augenweide auf dem Teller. Schnittlauch bitte immer nur roh verwenden, gegart verliert er sein Aroma. Für die Schärfe sind übrigens ätherische Öle zuständig, die antibakteriell und antientzündlich wirken.

Thymian

Hier steckt Power drin! Thymian – ob getrocknet oder frisch – hat ein intensives Aroma und lässt jedes Gericht schmecken, als wäre man gerade im Urlaub am Mittelmeer. Für das Aroma zuständig ist das ätherische Öl Thymol, das die Verdauungssäfte anregt. Zudem gilt Thymian als hilfreich bei Erkältungen und tut Nase, Hals und Bronchien gut.

Gebratener »Cole slaw« mit Crème fraîche und Liebstöckelpesto

Für 2 Personen

Für den Cole slaw
500 g Weißkohl, geputzt und in feine Streifen geschnitten
4–5 Prisen Salz
40 g Walnusskerne
1 EL Rapsöl
1 Karotte (90 g), geschält und in feine Streifen geschnitten oder gehobelt
1 Stück Knollensellerie (120 g), gewaschen, geschält und in feine Streifen geschnitten
2 Prisen brauner Zucker
100 g Crème fraîche
Saft von ¼ Zitrone
schwarzer Pfeffer aus der Mühle

Für das Liebstöckelpesto
4 Stängel glatte Petersilie, gewaschen, Blätter abgezupft (7 g)
2 Stängel Liebstöckel, gewaschen, Blätter abgezupft (3 g)
2 EL Rapsöl
1 EL Traubenkernöl
1 TL Walnussöl

Zum Anrichten
3–4 Scheiben würziges Bauernbrot, getoastet

Außerdem
Stabmixer

Für den Cole slaw das geschnittene Weißkraut in eine Schüssel geben, mit 3 Prisen Salz würzen und mit den Händen kräftig mischen, besser noch richtig durchkneten und 15 Minuten durchziehen lassen.

Inzwischen für das Pesto die Petersilien- und Liebstöckelblätter in einen hohen Rührbecher geben, Rapsöl, Traubenkernöl und Walnussöl darübergießen und alles mit dem Stabmixer zu einer feinen Paste pürieren.

Die Walnusskerne in einer Pfanne ohne Fett bei mittlerer Hitze 3–4 Minuten goldbraun duftend rösten. Aus der Pfanne auf ein Arbeitsbrett geben, abkühlen lassen und grob hacken.

Das Rapsöl in einer großen breiten Pfanne erhitzen, Karotten- und Selleriestreifen dazugeben und mit braunem Zucker bestreuen. Das Gemüse bei mittlerer Hitze 3 Minuten anbraten. Das gesalzene Weißkraut hinzufügen, alles gut mischen und weitere 2 Minuten braten. Anschließend in eine Schüssel geben und lauwarm abkühlen lassen.

Zum Servieren das gebratene Gemüse mit Crème fraîche und Zitronensaft mischen und jeweils mit 2 Prisen Pfeffer und Salz abschmecken. Den cremigen Cole slaw mit dem Liebstöckelpesto auf Tellern anrichten und mit den Walnüssen bestreuen, das Bauernbrot dazu reichen.

ml 500
400
300
200

Gebratener Romanasalat mit Himbeeren und Hähnchenbrust

Für 2 Personen

Für die Hähnchenbrust
2 Maishähnchenbrustfilets (mit Haut; à 200 g)
Salz
1 EL Olivenöl

Für das Himbeerdressing
50 g Himbeeren, verlesen, gewaschen und trocken getupft
2 EL Weißweinessig
60 g stichfester Joghurt (3,8 % Fett)
½ Knoblauchzehe, frisch gerieben
2 Prisen brauner Zucker
Salz
2 EL Parmesan (20 g), gerieben
1 EL Olivenöl zum Braten
2 Romana-Salatherzen (à 120 g), geputzt, gewaschen und längs halbiert oder geviertelt
schwarzer Pfeffer aus der Mühle

Zum Anrichten
einige Parmesanspäne
50 g Brotwürfel aus Weiß-, Toast- oder Bauernbrot, geröstet oder getoastet

Außerdem
Stabmixer

Für die Hähnchenbrust das Fleisch rundum mit je 3 Prisen Salz würzen, mit der Hautseite nach unten in eine kalte Pfanne mit Olivenöl geben und erhitzen. Bei mittlerer Hitze etwa 6 Minuten goldbraun anbraten, wenden und weitere 8 Minuten braten. Dann das Fleisch nochmals wenden und weitere 2 Minuten auf der Hautseite fertig braten.

Inzwischen für das Dressing die Himbeeren mit Essig, Joghurt, Knoblauch, Zucker und 2 Prisen Salz in einen hohen Rührbecher geben und mit dem Stabmixer cremig mixen. Zum Schluss den geriebenen Parmesan dazugeben und alles nochmals durchmixen.

Das Olivenöl in einer Pfanne erhitzen und die Salatherzen darin 2–3 Minuten rundum goldbraun anbraten. Mit 2 Prisen Salz und Pfeffer würzen.

Zum Servieren den Romanasalat mit Himbeerdressing und gebratener Hähnchenbrust anrichten und mit den Parmesanspänen und den gerösteten Brotwürfeln garnieren.

Tipp

Keine frischen Himbeeren zur Hand? Kein Problem. Einfach tiefgefrorene Himbeeren auftauen lassen und wie beschrieben zubereiten.

Spicy Weißkrautsalat mit Sanddorndressing und Kichererbsen

Für 2 Personen

Für den Weißkrautsalat
400 g junger Weißkohl, geputzt und in feine Streifen geschnitten
Salz
2 Prisen brauner Zucker
2 Prisen Chiliflocken
2 Prisen Kümmel, grob gemörsert oder gemahlen

Für das Sanddorndressing
½ Schalotte (30 g), geschält und in feine Würfel geschnitten
Salz
6–8 Safranfäden, in 1 EL lauwarmen Wasser aufgelöst
1 Msp. gemahlene Bio-Kurkuma
100 ml Wasser
50 ml Sanddorndirektsaft (erhältlich im Reformhaus)
1 EL Ahornsirup
schwarzer Pfeffer aus der Mühle
2 EL Rapsöl

Für die Kichererbsen
150 ml Pflanzenöl zum Braten
1 Dose kleine Kichererbsen (Abtropfgewicht 240 g), in einem Sieb abgetropft, mit kalten Wasser abgebraust und mit Küchentuch trocken getupft
Salz
gemahlener Kümmel

Sind Sie bereit für das ultimative Power-Weißkraut? Weißkraut selbst ist schon eine Vitamin-C-Bombe, in Kombination mit Sanddorn ergibt sich aber ein absolutes Abwehr-Dream-Team. So gewappnet können Sie der nächsten Erkältung cool und entspannt entgegenschauen.

Für den Salat das Weißkraut in eine Schüssel geben, mit 3 Prisen Salz und Zucker mischen und mit den Händen kräftig mischen, besser noch richtig durchkneten und 15 Minuten durchziehen lassen. Anschließend mit Chili und Kümmel würzen.

Für das Sanddorndressing die Schalotte in einen kleinen Topf ohne Fett geben, mit 2 Prisen Salz würzen und bei schwacher Hitze 2 Minuten dünsten. Die Safranfäden samt Einweichwasser und Kurkuma dazugeben und alles kurz durchrühren. Mit 100 ml Wasser ablöschen und alles bei schwacher Hitze 3 Minuten köcheln lassen. Anschließend den Sanddornsaft dazugeben und weitere 3 Minuten sämig einkochen lassen.

Parallel dazu für die Kichererbsen das Pflanzenöl in einer Pfanne erhitzen und die Hälfte der Kichererbsen darin 7–8 Minuten knusprig braten (Vorsicht, es könnte spritzen, s. Tipp!). Anschließend mit einer Schaumkelle aus dem Fett heben, auf Küchenpapier abfetten lassen und mit je 1 Prise Salz und Kümmel würzen. Die übrigen Kichererbsen ebenso knusprig backen.

Zum Servieren das Dressing mit Ahornsirup, Salz und 2 Prisen Pfeffer abschmecken, zum Schluss das Rapsöl einrühren. Das Dressing zum marinierten Kraut geben, alles gut mischen und den Salat nochmals mit Salz und Pfeffer abschmecken. Mit den Kichererbsen anrichten und genießen.

Tipp

Die Kichererbsen vor dem Backen unbedingt mit Küchenpapier oder einem Küchentuch gründlich trocken tupfen. Denn sobald Wasser mit heißem Fett in Verbindung kommt, kann es spritzen. Also Vorsicht beim Einlegen in die heiße Pfanne und lieber portionsweise knusprig backen!

Feldsalatpesto mit Kartoffeln und Ziegenfrischkäse

Für 2 Personen

Für die Kartoffeln
500 g festkochende Kartoffeln, gewaschen
Salz
1 EL Butterschmalz
schwarzer Pfeffer aus der Mühle
Muskatnuss, frisch gerieben

Für den Ziegenfrischkäse
200 g Ziegenfrischkäse
25 g Kürbiskerne, grob gehackt
½ kleine rote Zwiebel (30 g), geschält und in feine Würfel geschnitten
Salz
schwarzer Pfeffer aus der Mühle

Für das Feldsalatpesto
40 g Feldsalat, geputzt und gründlich gewaschen
10 g Pinienkerne
10 g grüne Pistazienkerne
10 g Mandelblättchen
1 EL Olivenöl
1 EL Walnussöl
1 EL Leinöl
1 EL MCT-Öl (erhältlich im Reformhaus)
Saft von ½ Zitrone
2 Prisen brauner Zucker
Salz
schwarzer Pfeffer aus der Mühle

Außerdem
Stabmixer

Die Kartoffeln in einem Topf in reichlich Salzwasser 20–25 Minuten weich garen. Dann abgießen, ausdampfen und etwas abkühlen lassen, schälen und je nach Größe halbieren oder vierteln.

Inzwischen den Ziegenkäse in einer Schüssel mit Kürbiskernen und roten Zwiebelwürfeln verrühren. Mit 2 Prisen Salz und Pfeffer abschmecken.

Für das Feldsalatpesto den Feldsalat mit den dreierlei Nüssen in einen hohen Rührbecher geben, mit den vier Ölsorten übergießen und alles mit dem Stabmixer fein pürieren. Anschließend den Zitronensaft einmixen und das Pesto mit Zucker, 2 Prisen Salz und Pfeffer abschmecken.

Zum Servieren das Butterschmalz in einer breiten Pfanne erhitzen und die Kartoffeln darin bei mittlerer Hitze etwa 5 Minuten rundum goldbraun rösten. Mit 2 Prisen Salz, Pfeffer und Muskatnuss würzen. Die Kartoffeln mit dem Ziegenfrischkäse und dem Feldsalatpesto anrichten.

Tipp

Wer möchte, kann auch schnittfesten Ziegenkäse nehmen, mit 1 Spritzer Weißweinessig und 1 Prise Zucker marinieren und zu Kartoffeln und Pesto reichen.

Fissler

Kleine Gerichte

Champignon-Kartoffel-Suppe mit Walnussplätzchen

Für 2 Personen

Für die Suppe
1 TL Rapsöl
½ Zwiebel (70 g), geschält und in feine Würfel geschnitten
300 g mehligkochende Kartoffeln, gewaschen, geschält und in kleine Würfel geschnitten
Salz
50 ml Weißwein
550 ml Gemüsebrühe oder Wasser
150 g braune oder weiße Champignons, geputzt und in feine Scheiben geschnitten
150 g Schlagsahne
schwarzer Pfeffer aus der Mühle
Muskatnuss, frisch gerieben

Für die Walnussplätzchen
30 g Walnusskerne
2 Scheiben Toastbrot, grob zerzupft
80 g Speisequark (20 % Fett)
1 Bio-Landeigelb (L)
1 TL Walnussöl
1 EL glatte Petersilie, gehackt
1 Msp. Bio-Zitronenabrieb
Salz
schwarzer Pfeffer aus der Mühle
Muskatnuss, frisch gerieben
1 TL Butterschmalz oder Ghee zum Braten

Außerdem
Stabmixer

Für die Suppe das Rapsöl in einem Topf erhitzen und die Zwiebelwürfel darin 2 Minuten glasig dünsten. Die Kartoffelwürfel dazugeben, alles kurz durchrühren und mit 2 Prisen Salz würzen. Mit Weißwein und Brühe oder Wasser ablöschen, alles aufkochen und abgedeckt bei schwacher bis mittlerer Hitze etwa 15 Minuten garen.

Danach die Champignons dazugeben und alles offen noch 3 Minuten garen. Zum Schluss die Sahne dazugießen und 3–4 Minuten weiter garen. Die Suppe im Topf mit dem Stabmixer cremig fein pürieren und nochmals mit Salz, etwas Pfeffer und Muskatnuss abschmecken.

Während die Suppe kocht, die Walnussplätzchen zubereiten. Dazu die Walnusskerne in einer Pfanne ohne Fett bei schwacher bis mittlerer Hitze 2–3 Minuten rösten, bis sie duften. Dann aus der Pfanne auf ein Arbeitsbrett geben, abkühlen lassen und fein hacken.

Das Toastbrot in einen hohen Rührbecher geben, mit dem Stabmixer fein mixen und in eine Schüssel geben. Walnusskerne, Quark, Eigelb, Walnussöl, Petersilie und Zitronenabrieb dazugeben, alles gut mischen und mit 2–3 Prisen Salz, etwas Pfeffer und Muskatnuss abschmecken.

Aus der Masse mit angefeuchteten Händen acht gleich große Kugeln formen und jeweils in der Hand flach drücken. Das Butterschmalz oder Ghee in der Pfanne erhitzen, die Walnussplätzchen bei mittlerer Hitze 3 Minuten darin anbraten, dann wenden und weitere 2–3 Minuten goldbraun braten. Herausnehmen und auf Küchenpapier abfetten lassen.

Zum Servieren die Suppe nochmals schaumig aufmixen und auf tiefe Teller verteilen, mit den Walnussplätzchen anrichten.

Tipp

Wer möchte, kann die Suppe zum Servieren noch mit frisch geschnittenen Schnittlauchröllchen bestreuen.

Kichererbsensuppe mit Kardamom, Curry und Rote-Bete-Relish

Für 2 Personen

Für die Kichererbsensuppe
1 EL Olivenöl
½ Zwiebel (60 g), geschält und in feine Würfel geschnitten
1 kleine Dose Kichererbsen (Abtropfgewicht 240 g), in einem Sieb abgetropft und mit kaltem Wasser abgebraust
2 dünne Scheiben Knoblauch
2 kleine Lorbeerblätter
½ Chilischote, fein geschnitten
2 Msp. gemahlene Bio-Kurkuma
3–4 Kardamomkapseln oder 1 Msp. gemahlener Kardamom
Salz
400 ml ungesüßter Mandel- oder Cashewdrink
1 Msp. Currypulver
1 Msp. Ras el Hanout (Gewürzmischung)

Für das Rote-Bete-Relish
80 g vorgegarte Rote Bete (vakuumverpackt), mit Einweghandschuhen in feine Würfel geschnitten
1 Msp. geriebener Ingwer
1 Stück Frühlingszwiebel (20 g), gewaschen, geputzt und in feine Würfel geschnitten
Salz
2 EL Olivenöl

Außerdem
Einweghandschuhe, Stabmixer

Für die Suppe das Olivenöl in einem Topf erhitzen und die Zwiebelwürfel darin bei schwacher Hitze 2 Minuten dünsten. Kichererbsen, Knoblauch, Lorbeer, Chili, Kurkuma und Kardamom dazugeben, alles mit 2 guten Prisen Salz würzen und durchrühren. Den Mandel- oder Cashewdrink dazugießen, alles aufkochen und bei schwacher Hitze 8–10 Minuten köcheln lassen.

Die Lorbeerblätter und Kardamomkapseln wieder entfernen, die Suppe mit Curry und Ras el Hanout bestreuen und alles im Topf mit dem Stabmixer feincremig pürieren, mit Salz abschmecken.

Für das Relish die Rote Bete in eine Schüssel geben, Ingwer und Frühlingszwiebel hinzufügen und alles mit 1 Prise Salz würzen. Zum Schluss mit Olivenöl übergießen und alles gut mischen.

Zum Servieren die Suppe mit dem Rote-Bete-Relish in tiefen Tellern anrichten und nach Belieben Fladenbrot oder Sesamkringel dazu reichen.

Tipp

Kichererbsen binden je nach Sorte mehr oder weniger gut. Falls die Suppe zu dick ist, einfach noch einen Schuss Wasser, Mandel- oder Cashewdrink dazugießen.

Karotten-Kamillen-Suppe mit Ingwerrahm

Für 2 Personen

Für die Suppe
1 TL Butterschmalz oder Ghee
½ Zwiebel (60 g), geschält und in feine Würfel geschnitten
500 g Karotten, geschält und in feine Scheiben geschnitten
Salz
100 ml Orangensaft
1 l kräftiger Kamillenblütentee, durchgesiebt
1 EL Ahornsirup
schwarzer Pfeffer aus der Mühle

Für den Ingwerrahm
60 g saure Sahne
2 Msp. geriebener Ingwer
1 Prise Salz
1 Prise brauner Zucker

Für die Gewürzcroûtons
1 TL Butterschmalz
2 Scheiben Toastbrot, entrindet und in kleine Würfel geschnitten
Salz
1 Zweig Thymian, Blättchen abgezupft und fein gehackt
Gewürzmühle aus ganzem Kümmel, Fenchelsamen, schwarzen Pfeffer- und Korianderkörnern

Außerdem
Stabmixer

Eine Karottensuppe mit Sauerrahm und Croûtons? Klingt auf den ersten Blick simpel, liefert aber so viel Gutes mehr: Die Suppe habe ich mit Kamillentee angesetzt (der wirkt entzündungshemmend), den Sauerrahm mit Ingwer aufgepimpt (ein absoluter Immunbooster) und die Croûtons mit einer Vielzahl an stärkenden und vitalisierenden Gewürzen aromatisiert.

Für die Suppe das Butterschmalz in einem Topf erhitzen und die Zwiebelwürfel darin 2 Minuten ohne Farbe dünsten. Die Karottenscheiben dazugeben, mit 2 Prisen Salz würzen und 1 Minute mit anbraten. Alles mit Orangensaft ablöschen und 1–2 Minuten einkochen lassen. Dann den Kamillentee dazugeben, alles aufkochen und die Karotten abgedeckt bei schwacher Hitze etwa 40 Minuten vollständig weich garen.

Inzwischen für den Ingwerrahm den Sauerrahm in eine kleine Schüssel geben, mit geriebenem Ingwer, Salz und Zucker verrühren und bis zur Verwendung kühl stellen.

Für die Gewürzcroûtons das Butterschmalz in einer Pfanne erhitzen und die Brotwürfel einstreuen, mit 2 Prisen Salz würzen und bei schwacher Hitze 4–5 Minuten rundum goldbraun braten. Zum Schluss den Thymian einstreuen und alles mit 2 Prisen aus der Gewürzmühle würzen.

Die weich gekochten Karotten im Topf mit dem Stabmixer fein pürieren und alles mit Ahornsirup, Salz und Pfeffer abschmecken. Die heiße Suppe in tiefen Tellern anrichten und je einen Klacks Ingwerrahm und einige Gewürzcroûtons daraufsetzen.

Knusprige Currykartoffelsticks mit scharfer Mayonnaise

Für 2 Personen

Für die Currykartoffeln
800 g festkochende Kartoffeln, gewaschen, geschält und längs in 1,5 cm dicke Spalten geschnitten
½ TL Paprikapulver edelsüß
½ TL Currypulver
2 Prisen schwarzer Pfeffer aus der Mühle
3–4 Prisen Fleur de sel
1 EL Rapsöl
2 Zweige Rosmarin, gewaschen

Für die Mayonnaise
1 Bio-Landei (L)
1 TL scharfer Senf
2 Prisen Fleur de sel
70 g Rapsöl
10 g Leinöl
1 Spritzer Zitronensaft
1 Msp. Bio-Zitronenabrieb
1 Prise brauner Zucker
1–2 Prisen Chiliflocken

Außerdem
Backpapier, Stabmixer

Für die Currykartoffeln den Backofen auf 180 °C (Umluft) vorheizen. Ein Backblech mit Backpapier belegen. Die Kartoffelspalten in eine große Schüssel geben, mit Paprika- und Currypulver bestreuen und mit Pfeffer und Fleur de sel würzen. Alles einmal gut durchmischen, mit dem Rapsöl beträufeln und nochmals gut mischen.

Die gewürzten Kartoffelsticks mit den Rosmarinzweigen auf dem Backblech verteilen. Dabei darauf achten, dass sie nicht übereinanderliegen oder aneinanderkleben – so backen sie besser und gleichmäßiger.
Die Kartoffeln in den Backofen (Mitte) schieben und darin 40–45 Minuten knusprig und goldbraun backen. Dabei nach etwa 25 Minuten vom Backpapier lösen und einmal wenden.

Inzwischen für die Mayonnaise das Ei in kochendes Wasser geben und 6 Minuten kochen. Aus dem Wasser heben, mit eiskaltem Wasser abschrecken und schälen. Das Ei mit Senf, Fleur de sel und den beiden Ölsorten in einen hohen Rührbecher geben und alles mit dem Stabmixer von unten her beginnend und langsam hochziehend zu einer cremigen Mayonnaise mixen. Mit Zitronensaft und -abrieb, Zucker und Chiliflocken pikant würzig abschmecken.

Zum Servieren die knusprigen Currykartoffeln aus dem Backofen nehmen und mit der scharfen Mayonnaise anrichten.

Karotten-Orangen-Tatar mit Würzmayonnaise und Arganöl

Für 2 Personen

Für das Karotten-Orangen-Tatar

500 g Karotten, geschält, erst längs und dann quer halbiert
2 Prisen Fleur de sel
2 Prisen schwarzer Pfeffer aus der Mühle
Saft von ½ Orange
2 EL Olivenöl

Für die Mayonnaise

1 Bio-Landei (L)
1 TL mittelscharfer Senf
1 kleine Knoblauchzehe, frisch gerieben
2 Prisen Fleur de sel
70 g Rapsöl
10 g Arganöl
1–2 Prisen Fenchelsamen, karamellisiert (s. S. 100), fein gemahlen
1 Msp. Paprikapulver edelsüß
1 Prise Cayennepfeffer

Zum Anrichten

einige Basilikumblätter, Dillspitzen und Gartenkresse
dünne Weißbrotchips, im Backofen geröstet

Außerdem

ofenfeste Form, Alufolie, Stabmixer, Fleischwolf mit kleiner Lochscheibe

Für das Tatar den Backofen auf 180 °C (Umluft) vorheizen. Die Karotten in die Form legen, mit Fleur de sel und Pfeffer würzen, mit Orangensaft und Olivenöl beträufeln und alles gut durchmischen. Die Form mit Alufolie abdecken, die Karotten in den Backofen (Mitte) schieben und darin 40–45 Minuten weich, aber noch mit Biss garen.

Inzwischen für die Mayonnaise das Ei in kochendes Wasser geben und 6 Minuten kochen. Aus dem Wasser heben, mit eiskaltem Wasser abschrecken und schälen. Das Ei mit Senf, Knoblauch, Fleur de sel und den beiden Ölsorten in einen hohen Rührbecher geben und alles mit dem Stabmixer von unten her beginnend und langsam hochziehend zu einer cremigen Mayonnaise mixen. Mit Fenchelsamen, Paprikapulver und Cayennepfeffer würzig abschmecken.

Die fertigen Karotten aus dem Backofen nehmen, etwas abkühlen lassen und durch den Fleischwolf drehen. Die Karotten mit 2–3 EL Würzmayonnaise mischen und alles zu einer homogenen Masse verrühren.

Zum Servieren das Tatar mit den Brotchips und der restlichen Würzmayonnaise anrichten und mit den frischen Kräutern garnieren.

Kichererbsen-Olivenöl-Dip mit Walnussfladen

Für 2 Personen

Für die Walnussfladen
125 g Dinkelmehl (Type 630)
125 g Roggenvollkornmehl
130 ml ungesüßter Mandeldrink
½ Hefewürfel (20 g)
1 TL brauner Zucker
2–3 Prisen Salz
1 EL Olivenöl
40 g Walnusskerne, gehackt
Fleur de sel
Mehl für die Arbeitsfläche

Für den Kichererbsen-Olivenöl-Dip
1 TL Olivenöl zum Anbraten
½ Zwiebel (50 g), geschält und in feine Würfel geschnitten
½ Knoblauchzehe, geschält und fein gehackt
1 Msp. geriebener Ingwer
Salz
1 kleine Dose Kichererbsen (Abtropfgewicht 240 g), in einem Sieb abgetropft und mit kaltem Wasser abgebraust
250 ml Gemüsebrühe
1 Msp. Cayennepfeffer
5 Kardamomkapseln
1 Msp. gemahlener Kümmel
50 ml Olivenöl
1–2 Spritzer Zitronensaft
schwarzer Pfeffer aus der Mühle

Außerdem
Küchenmaschine mit Knethaken, Backpapier, Nudelholz, Stabmixer

Für die Walnussfladen beide Mehlsorten in der Schüssel der Küchenmaschine mischen und mittig eine kleine Mulde formen. Den Mandeldrink in einem Topf lauwarm erhitzen. Die Hefe in eine kleine Tasse bröseln, mit 2–3 EL warmem Mandeldrink, Zucker und 1 EL Mehl-Mix (aus der Schüssel) glatt rühren und in die Mehlmulde gießen. Den Vorteig mit einem Küchentuch abdecken und 15 Minuten gehen lassen.

Restlichen Mandeldrink, Salz und Olivenöl zum Vorteig geben, alles zu einem glatten Teig verkneten und 5–8 Minuten in der Maschine schlagen lassen. Anschließend den Teig abdecken und an einem warmen Ort 30 Minuten gehen lassen. Ein Backblech mit Backpapier belegen.

Danach den Teig auf die bemehlte Arbeitsfläche geben und die Walnüsse einarbeiten. Den Teig vierteln, jedes Teigviertel zu einer Kugel formen und mit dem Nudelholz zu einem runden oder ovalen Fladen (etwa 1,5 cm dick) ausrollen. Die Fladen nebeneinander auf das Backblech setzen, wieder abdecken und 20 Minuten gehen lassen. Den Backofen auf 200 °C (Umluft) vorheizen.

Die Oberfläche der Fladen mit Wasser bestreichen und jeweils mit 1 Prise Fleur de sel bestreuen. Die Walnussfladen in den Backofen (Mitte) schieben und darin 15–20 Minuten backen. Herausnehmen und lauwarm abkühlen lassen.

Inzwischen für den Dip das Olivenöl in einem kleinen Topf erhitzen und die Zwiebelwürfel darin 1–2 Minuten ohne Farbe dünsten. Knoblauch und Ingwer dazugeben, mit 2 Prisen Salz würzen und die Kichererbsen hinzufügen. Alles kurz durchrühren, mit der Brühe ablöschen und restliche Gewürze einrühren. Alles aufkochen und abgedeckt etwa 25 Minuten köcheln lassen, bis die Kichererbsen richtig weich sind.

Anschließend alles in einen hohen Rührbecher gießen, dabei den Kardamom entfernen, und mit dem Stabmixer fein pürieren. Sobald die Masse cremig ist, das Olivenöl langsam einlaufen lassen und den Dip nochmals aufmixen. Mit Zitronensaft, Salz, Pfeffer und Cayennepfeffer nachschmecken. Den Kichererbsendip lauwarm abkühlen lassen und mit den Walnussfladen servieren.

Erdnuss-Chili-Kekse

Für 30 Stück

Für die Erdnuss-Chili-Kekse
125 g Erdnusskerne
160 g Weizenmehl (Type 405)
3 Prisen Salz
2 Prisen Chiliflocken
100 g kalte Butter, in Würfel geschnitten
1 Bio-Landei (L)
2 Bio-Landeigelb (L)
Fleur de sel zum Bestreuen
2 EL Wasser
Mehl für die Arbeitsfläche

Außerdem
Multizerkleinerer, Küchenmaschine oder Handrührgerät mit Knethaken, Frischhaltefolie, Backpapier

Die Hälfte der Erdnüsse mithilfe des Multizerkleinerers fein mahlen. Die restlichen Erdnüsse auf einem Arbeitsbrett mit einem breiten Messer grob hacken. Die gemahlenen Erdnüsse mit Mehl, Salz und Chiliflocken in der Rührschüssel trocken mischen.

Die kalte Butter, das Ei und 1 Eigelb dazugeben und alles in der Küchenmaschine mit dem Knethaken langsam startend, aber dennoch zügig zu einem glatten Teig verkneten. Wer keine Küchenmaschine hat, kann den Teig auch mit den Händen auf der Arbeitsfläche kneten.

Den Teig auf der leicht bemehlten Arbeitsfläche zu einer etwa 4 cm dicken Rolle formen. Die Rolle halbieren, jede Hälfte in Frischhaltefolie oder Backpapier wickeln und mind. 30 Minuten kühl stellen.

Den Backofen auf 180 °C (Umluft) vorheizen. Zwei Backbleche mit Backpapier belegen. Die Teigrollen aus der Folie nehmen, in etwa ½ cm dicke Scheiben schneiden, etwas in Form bringen und eine Hälfte mit etwas Abstand nebeneinander auf ein Backblech setzen.

Das restliche Eigelb mit 2 EL Wasser in einer kleinen Schüssel verrühren und die Oberflächen der Kekse dünn damit bestreichen. Jeden Keks mit gehackten Erdnüssen und etwas Fleur de sel bestreuen, beides leicht fest drücken. Die Kekse in den Backofen (Mitte) schieben und darin 18–20 Minuten goldbraun duftend backen.

Inzwischen die restlichen Kekse formen und wie beschrieben vorbereiten und danach ebenfalls goldbraun backen. Die Kekse aus dem Backofen nehmen, abkühlen lassen und genießen. Zum längeren frischen Genuss einfach in einer Keksdose aufbewahren.

Tipp

Den Geschmack der salzigen Erdnusskekse kann man ganz einfach mit verschiedenen Gewürzen wie Currypulver verändern. Dazu beim Mischen der trockenen Zutaten ½ TL Currypulver einarbeiten und die Kekse wie beschrieben backen.

Top Ten Nüsse und Co.

Nüsse und Samen sind ideales Powerfood für Nerven wie Drahtseile und ein flottes Oberstübchen. Denn Sie enthalten auf komprimiertem Raum jede Menge wertvoller Vitalstoffe: gute Fette, Vitamine, Mineral- und sekundäre Pflanzenstoffe.

Cashewkerne

Cashews machen glücklich! Oder liefern zumindest beste Voraussetzungen zum Glücklichsein. Grund dafür ist die hohe Menge der Aminosäure Tryptophan, die der Körper für die Herstellung des Botenstoffs Serotonin benötigt. Serotonin ist der Gegenspieler des Stresshormons Cortisol und hebt die Stimmung, entspannt und fördert den Schlaf. Also nichts wie ran ans Brokkoli-Cashew-Curry mit Kokosmilch auf S. 98.

Erdnüsse

Zumindest botanisch gehören Erdnüsse zu den Hülsenfrüchten. Daher rührt auch der hohe Eiweißgehalt: Mehr als ein Viertel der Nuss besteht aus hochwertigem Pflanzeneiweiß. Genauso kann die Erdnuss in Sachen Mineralien und Spurenelemente punkten. Der Natriumgehalt ist niedrig – sofern sie naturbelassen ist. Gut für alle, die sich salzarm ernähren wollen.

Hanfsamen

Sie schmecken nussig und leicht süß. Hanfsamen haben eine Top-Nährstoffdichte, sie enthalten nämlich viele essenzielle Nährstoffe wie Proteine und Fettsäuren. Dreiviertel des Fettanteils machen mehrfach ungesättigte Fettsäuren aus. Ungeschält sind die kleinen Körnchen etwas bitter, daher am besten immer die geschälten Hanfsamen verwenden!

Kürbiskerne

Ihre antioxidative Wirkung macht Kürbiskerne so gesund. Dafür ist das enthaltene Vitamin E verantwortlich, das sogenannte freie Radikale neutralisieren und somit unsere Zellen schützen kann. Vitamin E tut aber auch äußerlich gut. Denn Antioxidantien bewahren zum Beispiel die Haut vor vorzeitiger Alterung. Einfach genial, wenn lecker snacken auch noch für gutes Aussehen sorgt!

Leinsamen

Hier kommt eine Ballaststoff-Bombe! Vor allem ungeschälter Leinsamen ist der absolute High-Scorer unter Nüssen und Samen. Bei den Faserstoffen des Leinsamens handelt es sich vor allem um Schleimstoffe aus den Schalen, die im Darm aufquellen. Das Darmvolumen vergrößert sich so, und die Darmtätigkeit wird angeregt.

Mandeln

Unser Herz schlägt für Mandeln! Denn sie spielen neuen Studien zufolge eine Schlüsselrolle in der Herzgesundheit. Zum einen können Mandeln das »schlechte« LDL-Cholesterin sowie die Triglyceride im Blut senken, zum anderen das »gute« HDL-Cholesterin erhöhen. Also nichts wie ran an meinen herzgesunden Knabber-Snack von S. 170!

Paranüsse

Die Nüsse haben es in sich: und zwar fast 67 Prozent Fett. Da es sich aber um gesunde Fette handelt, ist dies kein Nachteil. Auch super: der hohe Gehalt an Selen. Dieses Spurenelement spielt in vielen Prozessen im Körper eine wichtige Rolle, zum Beispiel für Schilddrüse und Immunsystem. 1 Paranuss am Tag deckt den Selentagesbedarf.

Pistazien

Alles im grünen Bereich! Mit Pistazien auf jeden Fall. Denn sie sind wahre Kaliumbomben. Mit 1020 Milligramm pro 100 Gramm führen sie hier das Nuss-Ranking an und decken damit über die Hälfte des Tagesbedarfs. Kalium spielt eine zentrale Rolle für die Zellkommunikation und für einen stabilen pH-Wert. Mein Tipp: Je grüner, desto besser die Qualität!

Sonnenblumenkerne

Wenn es um eine ausreichende Magnesiumzufuhr geht, sind Sonnenblumenkerne ein Top-Favorit. 35 Gramm decken schon die Hälfte des Tagesbedarfs an Magnesium. Wofür wir den Mineralstoff brauchen? Ohne Magnesium können Nerven und Muskulatur nicht arbeiten. Wer also abends oder nachts mit Wadenkrämpfen zu tun hat, sollte ein paar Sonnenblumenkerne als Betthupferl knabbern.

Walnüsse

Walnüsse sehen nicht nur ein bisschen so aus wie unser Gehirn, sie sind auch echtes Kraftfutter fürs Köpfchen. Sie enthalten mehr als doppelt so viel der wertvollen Omega-3-Fettsäuren wie die vergleichbare Menge Lachs (8 g im Vergleich zu 3,5 g jeweils pro 100 g). Omega-3-Fettsäuren sind wichtig für die Durchblutung und Leistungsfähigkeit des Gehirns.

Karamellisierte Gewürzmandeln

Für 2–3 Personen

Für die Gewürzmandeln
200 g Mandeln
250 ml Wasser
50 g brauner Zucker
50 ml Wasser
2 Prisen Fleur de sel
2 Prisen gemahlene Bio-Kurkuma
2 Prisen gemahlener Kümmel

Außerdem
Backpapier

Gebrannte Mandeln vom Weihnachtsmarkt kennt jede und jeder. Meine Variante kommt aber deutlich leichter und gesünder daher. Für die Geschmacksexplosion auf der Zunge sorgen die vitalstoffreichen Gewürze Kurkuma und Kümmel, mit denen die Mandeln umhüllt sind.

Die Mandeln in einer Schüssel mit 250 ml Wasser übergießen und etwa 4 Stunden einweichen. Anschließend das Wasser abgießen und die Mandeln häuten. Den Backofen auf 180 °C (Umluft) vorheizen. Ein Backblech mit Backpapier belegen und die Mandeln darauf verteilen. In den Backofen (Mitte) schieben und darin 15–20 Minuten goldbraun duftend rösten, herausnehmen und abkühlen lassen. Je nach Mandelsorte kann sich die Garzeit verändern, denn durch das Einweichen im Wasser sind die Mandeln feucht. Durch das Rösten im Backofen werden sie wieder trocken und bekommen einen intensiveren Mandelgeschmack.

Den Zucker mit 50 ml Wasser in einem kleinen Topf aufkochen und bei schwacher Hitze so lange darin erwärmen, bis sich der Zucker aufgelöst hat, sämig eingekocht ist und langsam anfängt zu bräunen. Dann die gerösteten Mandeln dazugeben und mit einem Kochlöffel ständig rühren. Sobald die Nüsse vollständig mit Karamell überzogen sind (das dauert 2–3 Minuten) und zu glänzen beginnen, noch mit Fleur de sel, Kurkuma und Kümmel würzen, noch 2 Minuten weiterrösten und durchrühren.

Dann die karamellisierten Nüsse auf ein Stück Backpapier geben, auseinanderstreichen und vollständig abkühlen lassen.

Gebratene Hähnchensticks mit Paranüssen und getrockneten Aprikosen

Für 2 Personen

Für die Aprikosen
1 Schalotte (40 g), geschält, halbiert und in feine Würfel geschnitten
Salz
80 g getrocknete Softaprikosen, in feine Würfel geschnitten
50 ml Sanddorndirektsaft (erhältlich im Reformhaus)
50 ml Orangensaft
100 ml Wasser
1–2 Prisen Chiliflocken

Für die Hähnchensticks
2 Hähnchenbrustfilets (ohne Haut; 300 g), längs in 2 cm breite Streifen geschnitten
Salz
schwarzer Pfeffer aus der Mühle
30 g Pankobrösel (erhältlich im Asialaden)
30 g Paranüsse, fein gemahlen
1 EL Weizenmehl (Type 405)
1 Bio-Landei (M)
2 EL Butterschmalz oder Ghee zum Braten

Zum Anrichten
einige frische Minzeblättchen

Für die Aprikosen die Schalottenwürfel in einen Topf ohne Fett geben, mit 2 Prisen Salz würzen und bei schwacher Hitze 2 Minuten dünsten. Die Aprikosenwürfel dazugeben, kurz durchrühren und mit Sanddorndirektsaft, Orangensaft und 100 ml Wasser ablöschen. Die Flüssigkeit aufkochen und bei schwacher Hitze etwa 10 Minuten sämig einkochen lassen. Zum Schluss mit Chiliflocken pikant abschmecken.

Die Hähnchensticks mit 4–5 Prisen Salz und Pfeffer rundum würzen. Zum Panieren die Pankobrösel mit den Paranüssen in einem Teller mischen. Das Mehl in einen weiteren Teller geben, das Ei in einem tiefen Teller mit einer Gabel verquirlen. Die gewürzten Hähnchenstreifen erst im Mehl, dann im Ei und zuletzt in den Nussbröseln wenden.

Das Butterschmalz in einer breiten Pfanne erhitzen und die panierten Hähnchensticks darin bei mittlerer Hitze etwa 5 Minuten braten, dann wenden und weitere 2–3 Minuten goldbraun und knusprig braten. Herausnehmen und auf Küchenpapier kurz abfetten lassen.

Zum Servieren die Hähnchensticks mit den pikanten Aprikosen auf Tellern anrichten und mit Minze garnieren.

Tipp

Anstelle von Hähnchen können Sie auch Putenfleisch verwenden und wie beschrieben panieren sowie ausbacken.

Rote-Bete-Tempura mit Meerrettich-Tofu-Dip

Für 2 Personen

Für die Tempura
40 g Weizenmehl (Type 405)
40 g Speisestärke
1 Msp. Cayennepfeffer
Salz
100 ml eiskaltes Wasser
1 EL Rapsöl
400 g vorgegarte Rote Beten (vakuumverpackt)
1 kg Frittierfett
schwarzer Pfeffer aus der Mühle

Für den Meerrettich-Tofu-Dip
150 g Seidentofu
2–3 TL Tafel-Meerrettich (Glas)
2 EL Rote-Bete-Saft (aus der Vakuumverpackung)
2 Prisen gemahlener Kümmel
2 Prisen brauner Zucker
Salz
schwarzer Pfeffer aus der Mühle
2 Prisen getrockneter Dill oder ½ TL frischer Dill, gehackt

Außerdem
Einweghandschuhe, ggf. Stabmixer, Speisethermometer

Für den Tempura-Teig das Mehl mit Speisestärke, Cayennepfeffer und 2 guten Prisen Salz in einer Schüssel mischen. Dann das eiskalte Wasser und das Öl mit einem Schneebesen nach und nach einrühren und den Teig 10 Minuten stehen lassen. Die Roten Beten mit Einweghandschuhen halbieren, in 1 cm dicke Spalten schneiden und auf Küchenpapier abtropfen lassen. Die Stücke sollten trocken sein, damit es beim Frittieren nicht spritzt.

Inzwischen für den Dip den Tofu in einem Sieb gut abtropfen lassen. Anschließend in eine kleine Schüssel geben, Meerrettich und Rote-Bete-Saft hinzufügen und alles mit einem Schneebesen glatt rühren oder mit dem Stabmixer cremig fein aufmixen. Den Dip mit Kümmel, Zucker, 2 Prisen Salz und Pfeffer abschmecken und mit dem Dill verfeinern.

Das Frittierfett in einem hohen Topf oder einer Fritteuse auf 160–170 °C erhitzen (s. Tipp). Die Rote-Bete-Spalten von beiden Seiten leicht salzen, sofort in den Tempura-Teig tauchen, dann portionsweise im heißen Fett 3–4 Minuten hell und knusprig backen. Mit einer Schaumkelle herausheben, auf Küchenpapier abfetten lassen und nochmals leicht salzen und pfeffern.

Zum Servieren die Rote-Bete-Tempura mit dem Meerrettich-Tofu-Dip auf Tellern anrichten.

Tipp

Wer kein Speisethermometer zur Hand hat, hilft sich einfach mit einem Holzkochlöffelstiel. Dazu einfach den Stiel gerade in das heiße Fett tauchen. Steigen kleine Bläschen auf, hat das Fett die optimale Temperatur zum Frittieren erreicht.

Brennnessel-Tempura mit Orangendip

Für 2–3 Personen

Für die Tempura
60 g Weizenmehl (Type 405)
60 g Speisestärke
schwarzer Pfeffer aus der Mühle
Salz
150 ml eiskaltes Wasser
1,5 EL Rapsöl
1 kg Frittierfett
50–60 g frische Brennnesselspitzen, gewaschen und trocken getupft

Für den Orangendip
200 g Crème fraîche
2 Msp. Bio-Orangenabrieb
1 EL Orangensaft (10 g)
2 Prisen brauner Zucker
Salz
schwarzer Pfeffer aus der Mühle

Außerdem
Speisethermometer

In der Teighülle verbergen sich tatsächlich Brennnesselblätter. Keine Sorge, die piksen und kribbeln nicht im Mund. Wenn man sie wäscht und trocken tupft, werden die Brennhärchen unschädlich. Sie können also in vollen Zügen den leicht scharfen Geschmack und die wertvollen Vitalstoffe genießen.

Für den Tempura-Teig das Mehl mit Speisestärke, etwas Pfeffer und 3–4 guten Prisen Salz in einer Schüssel mischen. Dann das eiskalte Wasser und das Öl mit einem Schneebesen nach und nach einrühren und den Teig 10 Minuten stehen lassen.

Parallel dazu für den Dip die Crème fraîche in eine Schüssel geben und mit Orangenabrieb und -saft glatt rühren, mit Zucker, 2 Prisen Salz und etwas Pfeffer abschmecken.

Den Backofen auf 100 °C (Ober- und Unterhitze) vorheizen. Das Frittierfett in einem hohen Topf oder einer Fritteuse auf 160–170 °C erhitzen (s. Tipp S. 180). Die Brennnesselblätter am Stiel in den Teig tauchen, den Teig am Schüsselrand etwas abstreifen und die Brennnesselblätter portionsweise im heißen Fett 2–3 Minuten hell und knusprig backen. Mit einer Schaumkelle herausheben, auf Küchenpapier abfetten lassen, leicht salzen und im vorgeheizten Backofen warm halten.

Die frittierten Brennnesselblätter als Appetizer mit dem Orangendip servieren.

Tipp

Die Brennnesselblätter haben eine natürliche Schärfe und sind daher nur etwas für Menschen, die die Schärfe lieben. Eine mildere Alternative sind beispielsweise Salbeiblätter oder Holunderblüten – einfach wie beschrieben in den Tempura-Teig tauchen und im heißen Fett ausbacken.

Gebratener Radicchiosalat mit blauen Essigtrauben

Für 2 Personen

Für die Essigtrauben
2 EL Rapsöl
1 kleine Schalotte (30 g), geschält, halbiert und in feine Scheiben geschnitten
150 g blaue Trauben, heiß gewaschen, halbiert
4 EL Weißweinessig
3–4 Prisen Salz
schwarzer Pfeffer aus der Mühle
2 EL Traubenkernöl

Für den Radicchiosalat
1 EL Rapsöl
1 Radicchio (360 g), geputzt, gewaschen und durch den Strunk in 1 cm dicke Scheiben geschnitten (sie sollen zusammenhalten)
2–3 Prisen Fleur de sel
100 g Feta, grob gewürfelt oder zerbröselt

Zum Anrichten
30 g Salat-Kerne-Mix (aus Kürbis-, Pinien-, Sonnenblumenkernen)
Weizen- oder Dinkelbaguette, getoastet

Bitter macht nicht nur lustig, sondern auch gesund! Denn die Bitterstoffe, die im Radicchio enthalten sind, kurbeln die Produktion von Magensäure und Gallenflüssigkeit an. So helfen sie uns bei der Verdauung allgemein und bei der Fettverdauung im Speziellen.

Für die Essigtrauben das Rapsöl in einer Pfanne erhitzen und die Schalotte darin bei mittlerer Hitze 3 Minuten glasig dünsten. Die Trauben dazugeben, durchschwenken und 3–4 Minuten darin anbraten. Mit Essig ablöschen und mit Salz und 2 Prisen Pfeffer würzen. Zum Schluss das Traubenkernöl einrühren und die Essigtrauben vom Herd ziehen.

Den Salat-Kerne-Mix in einer Pfanne ohne Fett bei mittlerer Hitze etwa 3 Minuten goldbraun duftend braten. Aus der Pfanne auf einen Teller geben und abkühlen lassen.

Für den Radicchiosalat das Rapsöl in einer großen Pfanne erhitzen, die Hälfte der Radicchioscheiben einlegen und mit 1 guten Prise Fleur de sel würzen. Radicchio bei mittlerer Hitze etwa 2 Minuten anbraten, dann wenden und noch 1 Minute braten. Herausnehmen und auf einen Teller geben. Dann den restlichen Radicchio ebenso von beiden Seiten braten.

Den zuerst gebratenen Radicchio wieder zurück in die Pfanne geben und mit den Essigtrauben ablöschen. Alles kurz durchschwenken, mit den Fetabröseln bestreuen und die Pfanne vom Herd ziehen.

Zum Servieren den Radicchiosalat und die Essigtrauben auf Tellern anrichten und den Salat-Kerne-Mix darüberstreuen. Das getoastete Baguette dazu reichen.

Petersilien-Mousseline mit Fetabröseln und roten Zwiebeln

Für 2 Personen

Für die Mousseline
350 g mehligkochende Kartoffeln, gewaschen
Salz
2 Bund glatte Petersilie, gewaschen, Blätter abgezupft (30 g)
40 g Butter
schwarzer Pfeffer aus der Mühle
Muskatnuss, frisch gerieben
60 ml heiße Milch

Für die Fetabrösel
200 g Feta
1 TL Rapsöl
1 rote Zwiebel (50 g), geschält und in feine Ringe geschnitten
20 g Sonnenblumenkerne
2 EL Weißweinessig
1 TL flüssiger Honig
Salz
schwarzer Pfeffer aus der Mühle
1 EL Traubenkernöl
1 EL Haselnussöl

Außerdem
ofenfeste Form, Stabmixer, Kartoffelpresse

Für die Mousseline die Kartoffeln mit reichlich Salzwasser in einen Topf geben, aufkochen und abgedeckt je nach Größe 20–25 Minuten weich kochen. Anschließend abgießen und etwas ausdampfen lassen.

Inzwischen für die Brösel den Backofen auf 120 °C (Umluft) vorheizen. Den Feta mit den Händen grob zerbröseln und in der Form verteilen. In den Backofen (Mitte) schieben und darin 10–15 Minuten warm stellen.

Das Rapsöl in einer Pfanne erhitzen und Zwiebelringe und Sonnenblumenkerne darin 3–4 Minuten goldbraun rösten. Mit Essig ablöschen und den Honig dazugeben, alles durchschwenken und vom Herd ziehen. Mit 2 Prisen Salz und Pfeffer würzen und beide Ölsorten einrühren.

Für die Mousseline die Petersilienblätter in einen hohen Rührbecher geben. Die Butter in einem Topf zerlassen und handwarm zur Petersilie geben. 2 Prisen Salz, etwas Pfeffer und einen Hauch Muskatnuss hinzufügen und alles mit dem Stabmixer fein pürieren.

Die weich gekochten Kartoffeln schälen und zweimal durch die Kartoffelpresse drücken (s. Tipp). Den Kartoffelschnee mit der heißen Milch glatt rühren, die Petersilienpaste dazugeben und alles gut mischen. Die Mousseline mit Salz, Pfeffer und Muskatnuss nachschmecken.

Zum Servieren die grüne Petersilienmousseline mit den Fetabröseln auf Tellern anrichten und mit den lauwarmen Zwiebelringen beträufeln.

Tipp

Für eine feine, glatte und cremige Konsistenz der Mousseline die Kartoffeln am besten zweimal durch die Kartoffelpresse drücken. Das eignet sich auch gut bei der Zubereitung eines klassischen Kartoffelpürees.

Gefüllte Aprikosen mit Ziegenkäse, roten Zwiebeln und Brotbröseln

Für 2 Personen

Für die gefüllten Aprikosen
160 g getrocknete Softaprikosen
50 ml Apfelsaft
2 Prisen Anissamen
schwarzer Pfeffer aus der Mühle
80 g Ziegenfrischkäse
2 EL Schnittlauchröllchen
Salz
30 g Semmelbrösel
1,5 EL Ghee oder Butterschmalz

Für die roten Zwiebeln
2 TL Traubenkernöl
1 kleine rote Zwiebel (80 g), halbiert und in feine Streifen geschnitten
Salz
1 Prise brauner Zucker
4 EL Wasser
2 EL Weißweinessig

Zum Anrichten
20 g Cashewkerne
einige Schnittlauchhalme

Für die gefüllten Aprikosen die Softaprikosen in einen Topf geben, mit Apfelsaft übergießen und aufkochen. Anschließend mit Anissamen würzen und bei schwacher Hitze noch 4–5 Minuten köcheln lassen. Die Flüssigkeit sollte dabei vollständig einkochen. Die Aprikosen mit 1–2 Prisen Pfeffer würzen, aus dem Topf auf einen Teller oder ein Arbeitsbrett geben und abkühlen lassen.

Inzwischen den Ziegenfrischkäse in eine kleine Schüssel geben, mit Schnittlauch bestreuen und mit 2 Prisen Salz und etwas Pfeffer würzen.

Für die roten Zwiebeln 1 TL Traubenkernöl in einem Topf oder einer Pfanne erhitzen und die Zwiebelstreifen einlegen, mit 2 Prisen Salz und braunem Zucker würzen und bei schwacher Hitze 5 Minuten dünsten. Anschließend mit 4 EL Wasser ablöschen, kurz einkochen lassen und vom Herd ziehen. Den Essig dazugießen und alles mit dem restlichen Traubenkernöl beträufeln.

Die Cashewkerne in einer Pfanne ohne Fett 3–4 Minuten goldbraun duftend rösten, dann auf ein Arbeitsbrett geben, abkühlen lassen und grob hacken.

Die abgekühlten Aprikosen jeweils am Einschnitt aufklappen, 1 Klecks Ziegenfrischkäse in eine Hälfte geben, mit der anderen Hälfte wieder abdecken und die Hälften vorsichtig andrücken.

Kurz vor dem Servieren die Semmelbrösel mit dem Ghee oder Butterschmalz in eine Pfanne geben und bei mittlerer Hitze 4–5 Minuten unter Wenden goldbraun rösten, leicht salzen.

Zum Servieren die Brotbrösel auf Teller verteilen und die gefüllten Aprikosen daraufsetzen, mit Schnittlauch garnieren. Mit der roten Zwiebel-Vinaigrette beträufeln und mit den gerösteten Cashewnüssen als kleinen Happen zum Aperitif reichen.

»Entscheidend ist doch, dass das Essen zum Leben passt. Dass wir es an die Herausforderungen des Tages, der vor uns liegt, anpassen können.«

Ringelblumenbutter mit Rosinen-Scones

Für 2–3 Personen

Für die Scones (20 Stück)
- 250 g Dinkelmehl (Type 630)
- 10 g Backpulver
- 2 Prisen Salz
- 20 g brauner Zucker
- 50 g kalte Butter, in kleine Würfel geschnitten
- 120 ml ungesüßter Mandeldrink
- 20 g Sonnenblumenkerne
- 40 g Rosinen
- Mehl für die Arbeitsfläche
- 1 Bio-Landeigelb, mit 1 Schuss Wasser verrührt

Für die Ringelblumenbutter
- 150 g weiche Butter
- 2 Msp. Currypulver
- 2 Msp. gemahlene Bio-Kurkuma
- 3–4 Prisen Anissamen
- 2 Msp. Bio-Limettenabrieb
- 1 Msp. Vanillemark
- 8 frische Ringelblumenblüten, Blätter abgezupft
- 3 Prisen Fleur de sel

Außerdem

Küchenmaschine mit Knethaken, Handrührgerät mit Quirlen, Nudelholz, runder Ausstecher (5 cm Durchmesser), Backpapier

Für die Scones das Dinkelmehl mit Backpulver, Salz und Zucker in der Schüssel der Küchenmaschine trocken mischen. Butterwürfel und Mandeldrink dazugeben und alles zu einem glatten Teig verkneten. Zum Schluss die Sonnenblumenkerne und Rosinen dazugeben und alles nochmals kurz durchkneten. Den Teig abgedeckt im Kühlschrank etwa 30 Minuten ruhen lassen. Den Backofen auf 180 °C (Umluft) vorheizen. Ein Backblech mit Backpapier belegen.

Inzwischen für die Ringelblumenbutter die weiche Butter in einer Schüssel mit den Quirlen des Handrührgeräts 3–4 Minuten weißschaumig aufschlagen. Currypulver, Kurkuma, Anissamen, Limettenabrieb und Vanillemark dazugeben und alles nochmals gut durchrühren, damit sich die Gewürze gleichmäßig mit der Butter verbinden. Zum Schluss die abgezupften Ringelblumenspitzen einrühren und die Butter mit Fleur de sel abschmecken.

Den Teig aus dem Kühlschrank nehmen, auf der leicht bemehlten Arbeitsfläche nochmals durchkneten und mit dem Nudelholz etwa 2 cm dick ausrollen. Mit dem Ausstecher runde Taler ausstechen und nebeneinander auf das Backblech setzen. Die Teigreste wieder verkneten, erneut ausrollen, ausstechen und auf das Blech setzen.

Die Scones in den Backofen (Mitte) schieben und darin 20–25 Minuten goldbraun duftend backen. Herausnehmen, lauwarm abkühlen lassen und mit der Ringelblumenbutter zum Nachmittagstee servieren. Übrige Scones lassen sich auch gut einfrieren – frisch schmecken sie allerdings am besten.

Weißer Bohnenaufstrich mit Trockentomaten und Buchweizen

Für 2 Personen

Für den Bohnenaufstrich
- 1 EL Olivenöl zum Anbraten
- 1 Schalotte (60 g), geschält und in feine Würfel geschnitten
- 1 kleine Dose weiße Bohnen (Abtropfgewicht 240 g), in einem Sieb abgetropft und mit kaltem Wasser abgebraust
- 30 g Cashewkerne
- 2 Prisen Fleur de sel
- 2 Prisen gemahlene Bio-Kurkuma
- 1 Prise Chiliflocken
- 1 Prise getrockneter Oregano
- 1 Prise Thymian, frisch oder getrocknet
- 50 ml Olivenöl
- 20 ml Wasser

Zum Anrichten
- ½ Baguette, in Scheiben geschnitten und getoastet
- 60 g getrocknete Tomaten in Öl, klein gehackt
- 20 g gekeimter Buchweizen (erhältlich im Reformhaus)
- Olivenöl zum Beträufeln

Außerdem
- Stabmixer

Für den Bohnenaufstrich 1 EL Olivenöl in einer Pfanne erhitzen und die Schalottenwürfel darin bei mittlerer Hitze 3 Minuten ohne Farbe dünsten, dabei immer wieder umrühren. Die abgetropften Bohnen und Cashewkerne einstreuen, alles mit Fleur de sel, Kurkuma, Chiliflocken, Oregano und Thymian würzen und bei schwacher Hitze 2 Minuten anbraten. 50 ml Olivenöl dazugießen und ebenfalls 1 Minute erwärmen. Zum Schluss noch 20 ml Wasser dazugeben, alles kurz durchrühren und vom Herd ziehen.

Die Bohnen samt Flüssigkeit in einen hohen Rührbecher geben und mit dem Stabmixer langsam beginnend zu einer cremigen Masse mixen. Die Bohnencreme evtl. nochmals nachschmecken.

Zum Servieren die gerösteten Weißbrotscheiben mit dem Bohnenaufstrich bestreichen. Mit getrockneten Tomaten und gekeimtem Buchweizen bestreuen und mit etwas Olivenöl beträufeln.

Tipp

Für den Genuss auf Vorrat die Bohnencreme in sauber ausgespülte Gläser füllen, verschließen und vollständig abkühlen lassen, dann im Kühlschrank lagern. Die Bohnencreme kann man so ohne Probleme mind. 1 Woche aufbewahren. Ein toller Brotaufstrich für Liebhaber der mediterranen Küche.

Grüner Hüttenkäse mit Avocado und Leinöl

Für 2 Personen

Für den Hüttenkäse
200 g Hüttenkäse (körniger Frischkäse)
50 g Joghurt (3,8 % Fett)
15 g Kräuter (1 Stängel Dill, je 2 Stängel glatte Petersilie und Basilikum, 1 kleiner Stängel Liebstöckel), gewaschen, Blätter abgezupft und grob gehackt
¼ Avocado, geschält und entkernt (40 g)
Fleur de sel
schwarzer Pfeffer aus der Mühle
1 TL Leinöl

Zum Anrichten
bunte Gemüsesticks aus Rettich (weiß oder rot), Salatgurke, Staudensellerie und Chicorée, gewaschen und in mundgerechte Stücke geschnitten

Außerdem
Stabmixer

Ein dreifaches Hoch auf diesen Snack! Denn Hüttenkäse ist der wohl eiweißreichste Käse und punktet mit viel hochwertigem Protein. Die Avocado schützt unser Gehirn sowie unsere Nerven. Und Leinöl ist eine Top-Quelle für die essenziellen und herzgesunden Omega-3-Fettsäuren.

50 g Hüttenkäse mit Joghurt, gehackten Kräutern und Avocado in einen hohen Rührbecher geben und langsam von unten her beginnend mit dem Stabmixer zu einer cremigen Masse fein mixen. Mit je 1 Prise Fleur de sel und Pfeffer würzen. Dann den restlichen Hüttenkäse und das Leinöl dazugeben und alles gut verrühren.

Den grünen Hüttenkäse mit den vorbereiteten Gemüsesticks und Chicoréeblättern auf Tellern oder einer großen Platte anrichten oder als Brotaufstrich für ein Sommersandwich (s. Tipp) servieren.

Tipp

Der grüne Hüttenkäse eignet sich fantastisch als Brotaufstrich für ein buntes Sommersandwich: Dazu ein aufgeschnittenes Dinkelbaguette oder Dinkelkastenbrot von beiden Seiten mit dem Hüttenkäse bestreichen, einige gewaschene Kopfsalatblätter daraufgeben und dick mit frischen Radieschen- und Gurkenscheiben belegen. Für eine angenehme Zwiebelschärfe noch mit frisch geschnittenen Schnittlauchröllchen und essbaren Blüten bestreuen, zusammenklappen und z. B. als Pausensnack oder bei einem Picknick genießen.

Herzhafter Pistazienaufstrich mit Pfannenbrot

Für 2–3 Personen

Für den Pistazienaufstrich
1 TL Olivenöl zum Anbraten
½ Zwiebel (40 g), geschält und in feine Würfel geschnitten
80 g grüne Pistazienkerne
80 g Tofu, in grobe Würfel geschnitten
Salz
100 ml Wasser
50 ml Olivenöl
schwarzer Pfeffer aus der Mühle

Für das Pfannenbrot
150 g Weizenmehl (Type 405)
2 Msp. gemahlene Bio-Kurkuma
Muskatnuss, frisch gerieben
½ TL Korianderkörner, grob gemörsert
2–3 Prisen Fleur de sel
½ TL Backpulver
50 ml Wasser
50 g Joghurt (3,8 % Fett)
2 EL Olivenöl
Mehl für die Arbeitsfläche

Außerdem
Mörser, Stabmixer, Nudelholz

Für den Pistazienaufstrich 1 TL Olivenöl in einem Topf erhitzen und die Zwiebelwürfel darin 2 Minuten glasig dünsten. Pistazienkerne und Tofuwürfel dazugeben, alles kurz durchrühren und mit 2–3 Prisen Salz würzen. Bei schwacher Hitze 2 Minuten erwärmen, mit 100 ml Wasser ablöschen, 50 ml Olivenöl dazugießen und alles einmal aufkochen. Die Mischung in einen hohen Rührbecher geben und mit dem Stabmixer fein pürieren. Mit Salz und Pfeffer abschmecken und abkühlen lassen.

Für das Pfannenbrot das Mehl mit Kurkuma, Muskatnuss, Koriander, Fleur de sel und Backpulver in einer Rührschüssel trocken mischen. 50 ml Wasser, Joghurt und Olivenöl dazugeben und alles mit einem Kochlöffel zu einem glatten Teig verrühren oder auf der Arbeitsfläche verkneten. Den Teig abgedeckt 30 Minuten ruhen lassen.

Anschließend den Teig in acht gleich große Portionen teilen und auf der leicht bemehlten Arbeitsfläche mit dem Nudelholz zu etwa 1 cm dicken ovalen oder runden Fladen ausrollen oder einfach mit den Händen formen. Eine Pfanne ohne Fett erhitzen und die Fladen darin nacheinander bei mittlerer bis starker Hitze jeweils 2 Minuten backen, wenden und für weitere 2–3 Minuten darin backen. Aus der Pfanne heben und etwas abkühlen lassen. Die Fladen mit dem Pistazienaufstrich servieren.

Rote-Linsen-Aufstrich mit Rucola und Sesam

Für 2–3 Personen

Für den Linsenaufstrich
1 TL Olivenöl zum Anbraten
1 Zwiebel (70 g), geschält und in feine Würfel geschnitten
80 g rote Linsen
Salz
1 TL Tomatenmark
350 ml Wasser
30 g Sonnenblumenkerne
20 g Cashewkerne
20 g Tahin (Sesampaste)
20 g Olivenöl
schwarzer Pfeffer aus der Mühle

Zum Anrichten
1 Bund Rucola (40 g), geputzt und gründlich gewaschen
1 Spritzer Zitronensaft
Salz
schwarzer Pfeffer aus der Mühle
1 Prise brauner Zucker
einige Tropfen Olivenöl
einige Scheiben Bauernbrot, Dinkelbaguette oder Fladenbrot
1–2 EL gerösteter weißer Sesam

Außerdem
Stabmixer

Für den Aufstrich 1 TL Olivenöl in einem Topf erhitzen und die Zwiebelwürfel darin 2 Minuten glasig dünsten. Die roten Linsen dazugeben, kurz durchrühren und mit 2 Prisen Salz würzen. Das Tomatenmark einrühren und bei mittlerer Hitze weitere 2 Minuten rösten. Alles mit 350 ml Wasser ablöschen, die Linsen aufkochen und abgedeckt 20 Minuten weich garen. Die Flüssigkeit sollte dabei vollständig eingekocht sein.

Inzwischen die Sonnenblumenkerne und Cashewkerne in einer Pfanne ohne Fett bei mittlerer Hitze 3–4 Minuten goldbraun duftend rösten. Dann aus der Pfanne heben und in einen hohen Rührbecher geben. Die Hälfte der weich gekochten Linsen dazugeben und alles mit dem Stabmixer fein pürieren. Restliche Linsen, Tahin und 20 g Olivenöl einmixen, den Aufstrich mit Salz und Pfeffer abschmecken und abkühlen lassen.

Zum Servieren den Rucolasalat grob zerkleinern und mit Zitronensaft, 2 Prisen Salz, Pfeffer, Zucker und Olivenöl marinieren. Die Brotscheiben mit der Linsencreme dick bestreichen, mit Sesam bestreuen und jeweils etwas Rucolasalat daraufsetzen.

Tipp

Wer möchte, kann zusätzlich noch frisch geschnittene bunte Paprikastreifen zu den belegten Broten reichen.

Kamille-Ingwer-Punsch mit Vanillesahne

Für 2 Personen

Für den Punsch
1 TL getrockneter Grüntee (alternativ Jiaogulan-Tee)
2 Beutel Kamillentee
250 ml heißes Wasser
200 ml trockener Weißwein
3–4 Scheiben Ingwer (5 g)
5–6 Kardamomkapseln
1 EL flüssiger Honig (20 g)
1 Msp. Bio-Orangenabrieb

Für die Vanillesahne
100 g Schlagsahne
1 Msp. Vanillemark
2 Prisen Vanillezucker

Außerdem
Handrührgerät mit Quirlen

Für den Punsch den Grüntee mit den Kamillenteebeuteln in eine Schüssel geben, mit 250 ml heißem Wasser übergießen und 5 Minuten ziehen lassen. Den Weißwein in einen Topf geben, mit Ingwerscheiben, Kardamomkapseln, Honig und Orangenabrieb würzen und aufkochen. Den fertigen Tee durch ein Sieb zum aromatisierten Wein geben und alles nochmals aufkochen, dann vom Herd ziehen.

Inzwischen die Sahne mit dem Vanillemark und dem Vanillezucker in eine kleine Schüssel geben und mit dem Schneebesen cremig steif aufschlagen.

Zum Servieren den heißen Punsch durch ein feines Sieb in hitzefeste Gläser oder Tassen gießen und jeweils 1 Klecks Vanillesahne mit einem Löffel vorsichtig daraufsetzen.

Top Ten Obst

Nicht umsonst gibt es hierzulande die Kampagne »5 am Tag«. Fünf Portionen Obst oder Gemüse sollten wir demnach am Tag für die Gesundheit essen. Bei dieser wunderbaren Auswahl an vitalstoffreichen Früchten ist das kein Problem.

Himbeeren

Genuss ohne Reue! Himbeeren schmecken zwar verführerisch süß, enthalten jedoch verhältnismäßig wenig Fruchtzucker: Die roten Früchte liefern keine 5 Gramm verwertbaren Kohlenhydrate pro 100 Gramm und sind daher ein beliebter Low-Carb-Snack. Mit den farbgebenden sekundären Pflanzenstoffen bieten die süßen Beeren daneben reichlich antioxidativen Schutz, den man sich ruhig häufiger gönnen sollte.

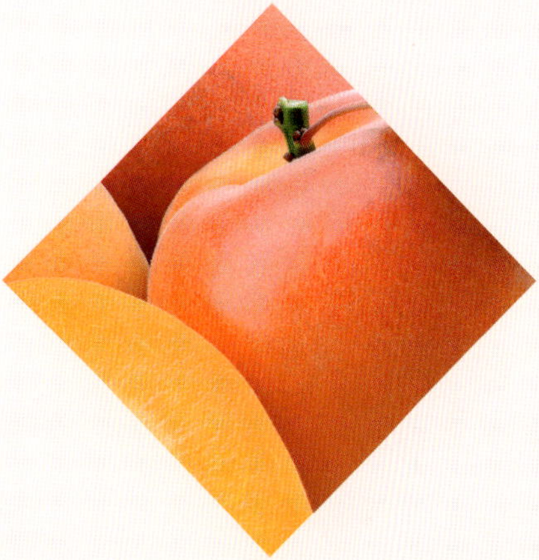

Äpfel

Unser Darm mag Äpfel. Die enthalten nämlich reichlich Pektin. Der lösliche Ballaststoff quillt im Darm auf und kann Gift- und Schadstoffe sowie Bakterien aufnehmen und entfernen. Studien weisen darauf hin, dass Pektin sogar einen Teil des verzehrten Fetts umschließen und aus dem Darm schleusen kann, noch bevor der kalorienreiche Nährstoff im Blut anlangt.

Aprikosen

Sie ist ein Allroundtalent! Zunächst seien die löslichen Ballaststoffe der Aprikose erwähnt, die unserer Verdauung helfen. Der hohe Kaliumgehalt unterstützt den Körper, überflüssige Wasseransammlungen auf sanfte Art loszuwerden. Und Aprikosen liefern das Carotinoid Provitamin A, welches das gute Sehen fördert und gegen freie Radikale und Entzündungen wirkt.

Avocado

Wenn sich unser Gehirn etwas zum Essen aussuchen dürfte, wären wohl Avocados dabei. Denn die sind eine exzellente Quelle für die fettähnliche Substanz Lecithin und für einfach ungesättigte Fettsäuren wie Ölsäure. Lecithin ist Hauptbestandteil der Zellmembranen in Gehirn und Nervenzellen, Ölsäure ist wichtig für Zellmembranen.

Banane

Eine Banane steckt fast jeden Energieriegel in die Tasche. Denn hier ist jede Menge Power in Form von guten Kohlenhydraten drin. Wer mit einer Banane in den Tag startet, ist prima gewappnet. Bananen schmecken wunderbar süß und mild und sorgen in einem Smoothie (wie meinem grünen »Lieblings-Smoothie« auf S. 33) für herrliche Cremigkeit.

Birnen

Wer einen empfindlichen Magen hat, sollte als Obst am besten Birnen wählen. Denn sie sind mild und säurearm. Außerdem können die gelb-grünen Früchte unseren Körper doppelt entwässern: Einmal wirkt der hohe Gehalt an dem Mineralstoff Kalium entwässernd. Dazu kommt der wasserlösliche Ballaststoff Pektin, der im Darm aufquillt und so Wasser bindet.

Grapefruit

Zugegeben, Grapefruits schmecken ganz schön herb, um nicht zu sagen bitter. Aber gerade ihre Bitterstoffe machen die Grapefruit so gesund. Der in der Zitrusfrucht enthaltene Bitterstoff heißt Naringin. Im Magen kann es zu dem sekundären Pflanzenstoff Naringenin umgewandelt werden – ein wirksames Antioxidans, welches unsere Zellen schützt.

Heidelbeeren

Die blauen Beeren haben eine Top-Nährstoffdichte – ähnlich wie andere dunkle Früchte enthalten sie extrem viele Flavonoide. Das sind Pflanzenfarbstoffe, die das Risiko für bestimmte Krebsarten und Herz-Kreislauf-Krankheiten senken. Mein Tipp: Besonders reich an Nährstoffen sind die wilden Heidelbeeren (dunkles Fruchtfleisch).

Sanddorn

Die kleinen Beeren zählen zu den Top-Scorern an Vitamin C. Darüber freut sich unser Immunsystem, denn Vitamin C steigert die Aktivität der körpereigenen Abwehr. Sanddorn ist extrem sauer und daher für den rohen Verzehr ungeeignet. Besser in Rezepte einbauen kann man Sanddorn(direkt)saft, zum Beispiel in einem Salatdressing (s. S. 146).

Zitrone

Zitronen schmecken zwar sauer, wirken im Körper jedoch basenbildend. Das ist für unseren Säure-Basen-Haushalt wichtig, der sich durch schlechte Ernährung mit viel Zucker, Fleisch, Kaffee und Alkohol leicht in den sauren Bereich verschiebt. Zitrone hilft bei der Entsäuerung des Körpers. Morgens ein Glas lauwarmes Zitronenwasser ist ein echter Detox-Booster.

Grüntee-Bananen-Eis mit heißen Heidelbeeren

Für 2 Personen

Für das Bananeneis
3 Bananen, geschält (300 g)
Saft von ½ Zitrone
50 ml Grüntee (alternativ Jiaogulan-Tee), abgekühlt

Für die Heidelbeeren
200 g Heidelbeeren, verlesen und gewaschen
100 ml schwarzer Johannisbeersaft
1 Msp. Bio-Limettenabrieb
1 Msp. Vanillemark

Zum Anrichten
2 EL Mandelblättchen, geröstet

Außerdem
Backpapier, Stabmixer

Für das Eis die geschälten Bananen in kleine Stücke schneiden, in einer Schüssel mit Zitronensaft beträufeln und gut durchrühren. Auf ein Stück Backpapier geben und mind. 4 Stunden in das Tiefkühlfach legen.

Inzwischen die Heidelbeeren mit dem Johannisbeersaft in einem Topf bei mittlerer Hitze aufkochen und 3–4 Minuten sämig einkochen lassen. Mit Limettenabrieb und Vanillemark würzen und beiseitestellen.

Die gefrorenen Bananen aus dem Tiefkühlfach nehmen und etwa 10 Minuten antauen lassen. Dann in einem hohen Rührbecher mit dem Grüntee übergießen und alles mit dem Stabmixer fein pürieren.

Zum Servieren die Heidelbeeren nochmals erwärmen, mit dem Bananeneis anrichten und mit den Mandelblättchen bestreuen.

Essig-Gewürz-Sud für Kirschtomaten oder Radieschen

Für 2–4 Personen

Für den Essig-Gewürz-Sud
200 g Zucker
je ½ TL Wacholderbeeren, Pimentkörner, helle Senfsamen, weiße Pfefferkörner
200 ml Wasser
200 ml Weißwein oder Roséwein
400 ml Weißweinessig
3–4 TL Salz

Für das Lieblingsgemüse
2 Bund Radieschen, gewaschen, geputzt und grüne Blätter entfernt (etwa 600 g)
40 Kirschtomaten, gewaschen und Stielansätze entfernt (etwa 600 g)

Außerdem
Weck- oder Twist-off-Gläser – in kochendem Wasser sterilisiert

Für den Gewürzsud den Zucker mit den Gewürzen, 200 ml Wasser, Wein und Essig in einen Topf geben und aufkochen, dann mit 3 TL Salz würzen. (Vorsicht, der Essig hat zunächst einen stechenden Geschmack.) Den Sud bei schwacher Hitze etwa 5 Minuten köcheln lassen. Anschließend durch ein feines Sieb gießen und den Sud wieder zurück in den Topf geben. Der Sud reicht für 2 Bund Radieschen oder 40 Kirschtomaten.

Die Radieschen im Sud einmal aufkochen und etwa 5 Minuten darin köcheln lassen, mit dem restlichem Salz abschmecken. Die Radieschen samt Sud in ein passendes, heiß ausgekochtes Einmachglas füllen, mit dem Deckel verschließen und kopfüber 5 Minuten stehen lassen. Anschließend das Glas wieder umdrehen, vollständig abkühlen lassen und in den Kühlschrank stellen. Die eingelegten Radieschen halten sich gekühlt mind. 4 Wochen.

Alternativ die Kirschtomaten in kochendem Wasser einige Sekunden so lange blanchieren, bis sich die Haut problemlos abziehen lässt. Aus dem Wasser heben, mit eiskaltem Wasser abschrecken und häuten. Die gehäuteten Tomaten in ein sauberes Glas schichten und mit dem abgekühlten Sud übergießen bzw. bedecken. Das Glas verschließen. Die Tomaten vor dem ersten Genuss mind. einen Tag im Kühlschrank ziehen lassen und dann 1–2 Wochen immer »Gutes Essen« griffbereit genießen.

Tipp

Füllen Sie die Gewürze einfach in einen Einwegteebeutel, damit man sie nach dem Kochen problemlos entfernen kann.

Fissler

Dashi – japanische Kombu-Algenbrühe

Für 1,5 l Brühe

Für die Brühe

3 getrocknete Kombu-Algen (30 g; erhältlich im Asiaregal)
1,5 l kaltes Wasser
4 Schalotten, ungeschält längs halbiert (140 g)
200 g Knollensellerie, gewaschen, geschält und in 2 cm große Stücke geschnitten
100 g Karotten, geschält und in 2 cm große Stücke geschnitten
4–6 getrocknete Shiitakepilze (10 g), in grobe Stücke gebrochen
1 Stück Parmesanrinde (25 g)

Außerdem

Twist-off-Gläser – in kochendem Wasser sterilisiert

Die Algen mit einem weichen, leicht angefeuchteten Küchentuch abwischen. In einen Topf geben, mit 1,5 l kaltem Wasser bedecken und zugedeckt 6 Stunden quellen lassen.

Inzwischen die Schalotten mit der Schnittfläche nach unten in einer Pfanne ohne Fett etwa 5 Minuten dunkel anrösten. Die Schalotten mit Sellerie, Karotten, Pilzen und Parmesanrinde zum Algenwasser geben. Alles aufkochen und offen bei schwacher Hitze 30 Minuten simmern lassen.

Anschließend den Ansatz durch ein feines Sieb passieren und portionsgerecht in heiß ausgekochte Einmachgläser gießen. Die Gläser verschließen, kopfüber 5 Minuten stehen lassen, dann wieder umdrehen und vollständig abkühlen lassen. Die Gläser in den Kühlschrank stellen.
Die Algenbrühe hält sich so 3–4 Wochen.

Tipp

Der sogenannte Umami-Geschmack dieser fantastischen Basisbrühe gibt jedem Gericht das besondere Etwas. So zubereitet schmeckt die Brühe pur genossen eher langweilig, da kein Salz, keine Gewürze oder Kräuter verwendet werden. Erst wenn man sie einem Gericht beimischt, bewirkt diese Grundbrühe wahre Wunder.

ml 500
400
300
200
100

Selbst gemachtes Gemüsebrühpulver

Für etwa 50 g

Für das Gemüsebrühpulver
- 1 Zwiebel (140 g), geschält und in feine Würfel geschnitten
- 1 Karotte (80 g), geschält und in feine Würfel geschnitten
- 1 kleines Stück Lauch (25 g), gewaschen und fein geschnitten
- 1 kleines Stück Knollensellerie (65 g), gewaschen, geschält und in feine Würfel geschnitten
- 150 g Tomaten, gewaschen, Stielansätze entfernt und klein geschnitten
- 4–6 Stängel glatte Petersilie, gewaschen, Blätter abgezupft (10 g) und grob gehackt
- 40 g Salz

Außerdem
Backpapier, Multizerkleinerer

Den Backofen auf 75 °C (Umluft) vorheizen. Ein Backblech mit Backpapier belegen. Das Gemüse mit Petersilie und Salz in den Multizerkleinerer geben und möglichst fein mixen. Die Masse auf dem Blech dünn verstreichen, das Blech in den Ofen (Mitte) schieben und alles mind. 8 Stunden trocknen lassen, dabei die Ofentür einen Spalt offen lassen.

Anschließend die getrocknete Masse aus dem Backofen nehmen, erneut in den Multizerkleinerer geben und möglichst fein mixen. Dann das Gemüsebrühpulver in ein sauberes Glas füllen und trocken lagern.

Tipp

Das Brühpulver ist so aufbewahrt mind. 10 Wochen problemlos haltbar. 1 TL Pulver auf 200 ml Wasser ergibt eine milde Gemüsebrühe, die sich perfekt zum Kochen eignet. Sie können damit auch bestens Gemüse, Pasta oder Saucen abschmecken.

Dreierlei Mayonnaise ohne Ei

Für etwa 240 g

Für die Basismayonnaise
30 g Sonnenblumenkerne
25 g mittelscharfer Senf
50 ml ungesüßter Cashewdrink
200 ml Pflanzenöl (z. B. Sonnenblumen- oder Rapsöl)
1–2 Spritzer Zitronensaft
Salz
schwarzer Pfeffer aus der Mühle
Muskatnuss, frisch gerieben
1–2 Prisen brauner Zucker

Für die Kräutermayonnaise (Variante 1)
120 g Basismayonnaise (½ Rezept)
20 g gemischte Kräuter (z. B. Petersilie, Kerbel, Dill, Sauerampfer, Basilikum), Blätter abgezupft, gewaschen und fein gehackt
1 Msp. Bio-Zitronenabrieb
Salz
1–2 Prisen brauner Zucker

Für die Chilimayonnaise (Variante 2)
120 g Basismayonnaise (½ Rezept)
40 g Tomatenketchup
½ Knoblauchzehe, frisch gerieben, nach Belieben
2 Prisen Chiliflocken
2–3 Prisen Paprikapulver edelsüß
Salz
schwarzer Pfeffer aus der Mühle

Außerdem
Stabmixer

Für die Basismayonnaise die Sonnenblumenkerne mit dem Senf und dem Cashewdrink in einen hohen Rührbecher (der Stabmixer soll eben so hineinpassen) geben und alles fein pürieren. Das gewählte Öl langsam in einem dünnen Strahl einlaufen lassen und dabei permanent mit dem Stabmixer mixen. Die cremige Mayonnaise mit Zitronensaft, 2–3 Prisen Salz, Pfeffer, Muskatnuss und Zucker abschmecken.

Für die Kräutermayonnaise die Basismayonnaise (120 g) in eine Schüssel geben und mit den gehackten Kräutern mischen. Für eine strahlend frische grüne Farbe gerne noch mit dem Stabmixer einmal durchmixen. Zuletzt mit Zitronenabrieb, Salz und Zucker abschmecken.

Für die Chilimayonnaise die Basismayonnaise (120 g) in eine Schüssel geben, mit dem Tomatenketchup verrühren und mit Knoblauch (je nach Geschmack), Chiliflocken, Paprikapulver, Salz und Pfeffer abschmecken.

Tipp

Bei der Zubereitung einer Mayonnaise mit oder auch ohne Ei sollten alle Zutaten die gleiche Temperatur haben. Sonst kann es sein, dass die Mayonnaise nicht bindet.

Register

A

B

C

Register

Register

T

W

monika schuster
food creation style
ALEXANDER HERRMANN

Dank

Ein richtig gutes Kochbuch braucht ein richtig gutes Team! Bestehend aus einem Ideengeber: Alexander Herrmann. Einer Rezept-Sparringspartnerin: Monika Schuster. Einer Ernährungswissenschaftlerin: Isabell Heßmann

Alexander Herrmann und Monika Schuster

»Ich bin ein leidenschaftlicher Teamplayer«, sagt der Zwei-Sterne-Koch Alexander Herrmann. »Wenn man sich vertraut und seine unterschiedlichen Stärken einbringt, kann man noch bessere Ergebnisse erzielen als allein.« Bei der Rezeptentwicklung steht ihm seit 20 Jahren Küchenmeisterin und Foodstylistin Monika Schuster zur Seite. »Die Grundlagen für alle Gerichte kommen von mir, aber mit den Ideen, Fragen und Hinweisen von Moni können wir jedes Rezept noch mal verfeinern.« Auch das zwei- bis dreimalige Probekochen übernimmt die Münchnerin, sodass der Leser eine absolute Geling- und Geschmacksgarantie hat.

Isabell Heßmann

Die Diplom-Ökotrophologin bringt ihr Fachwissen über die Kraft und Wirkung von Lebensmitteln auf die Gesundheit und unser Wohlbefinden in dieses Buch mit ein. Ergänzend zu Alexander Herrmanns Rezepten zeigt die Düsseldorfer Food-Autorin auf, welche Vitalstoffe wir brauchen, um zeitlebens fit und leistungsstark zu bleiben.

DK | Penguin Random House

Rezepte und Texte Alexander Herrmann, Monika Schuster, Isabelle Heßmann
Rezeptentwicklung, Foodstyling Monika Schuster
Foodfotografie Sandra Eckhardt
Versuchsküche Anka Köhler, Küchenmeisterin
Peoplefotografie Bodo Mertoglu
Haare / Make-up Tanja Schuster
Assistenz Manuela Breunmüller
Lektorat Elke Sagenschneider
Innengestaltung, Typografie, Realisation Julia Otterbach
Kommunikation Alexander Herrmann, Oliver Wirtz, Stefanie Clark, Sundance Communications GmbH; Sabine Krogemann, AHa Effekt GmbH

Der Verlag und der Autor bedanken sich bei Fissler und Haier als Kooperationspartner für dieses Buch.

Für den DK Verlag:
Programmleitung Monika Schlitzer
Projektbetreuung Julia Sommer
Herstellungsleitung Dorothee Whittaker
Herstellungskoordination Bettina Bähnsch
Herstellung Inga Reinke

Der Verlag dankt den folgenden Personen und Agenturen für die Genehmigung ihrer Fotos:

(Schlüssel: ü-über; u-unten; m-mittig; l-links; r-rechts; o-oben)
22 Getty Images / iStock: egal. 23 Getty Images / iStock: LeszekCzerwonka (ol); ozdigital (or); Volosina (ul). 24 Getty Images / iStock: egal (or); Volosina (ol); temmuzcan / E+ (ul). 25 Getty Images / iStock: Anantaradhika (ml); etiennevoss (ol); vaaseenaa (mr). 26 Getty Images / iStock: alphacell. 27 Getty Images / iStock: encrier (ol); HandmadePictures (or); Martin Keiler (ul). 28 Getty Images / iStock: bedo (ol); Wealthylady (or); photomaru (ul). 29 Getty Images / iStock: Dmytro (ml); PosiNote (ol); Natalie_B (mr). 30 Getty Images / iStock: chengyuzheng. 31 Getty Images / iStock: marco_speranza (ol); Natikka (or); PicturePartners (ul). 32 Getty Images / iStock: raimond klavinsh (or); Tim UR (ol); PicturePartners (ul). 33 Getty Images / iStock: atoss (mr); unpict (ol); orinoco-art (ml). 34 Getty Images / iStock: Tetiana Rostopira. 35 Getty Images / iStock: Floortje (or); PeterHermesFurian (ol); xamtiw (ul). 36 Getty Images / iStock: kolesnikovserg (ul); Diana Taliun (ol); Sanny11 (or). 37 Getty Images / iStock: baibaz (ol); Maryna Iaroshenko (ml); MahirAtes (mr). 38 Getty Images / iStock: Eivaisla. 39 Getty Images / iStock: Dash_med (ul); margouillatphotos (ol); MariuszBlach (or). 40 Getty Images / iStock: chengyuzheng (ul); Samohin (ol); Tim UR (or). 41 Getty Images / iStock: Taras Dovhych (mr); Francois-Edmond (ol); Marat Musabirov (ml).

ISBN 978-3-8310-4412-2

Repro Farbsatz, Neuried/München
Druck und Bindung L.E.G.O. S.p.A., Italien

FSC www.fsc.org MIX Papier aus verantwortungsvollen Quellen FSC® C023419

www.dk-verlag.de

Hinweis
Die Informationen und Ratschläge in diesem Buch sind von den Autoren und vom Verlag sorgfältig erwogen und geprüft, dennoch kann eine Garantie nicht übernommen werden. Eine Haftung der Autoren bzw. des Verlags und seiner Beauftragten für Personen-, Sach- und Vermögensschäden ist ausgeschlossen.